LOS 777 MEJORES

CHISTES Y ADIVINANZAS

PARA NIÑOS

¡RÍETE A MÁS NO PODER!

Estimula la creatividad de tus niños con una avalancha de risas para toda la familia. Bono extra de 150 colmos y adivinanzas.

Copyright © 2021 CHIOCCIA

ÍNDICE

INTRODUCCIÓN

Alguna vez os habéis preguntado lo importante que es reír para vuestro hijo? Y más aún, ¿cuánto es importante hacerlo junto a toda la familia?

¿Sabéis lo fácil que es estimular la creatividad y la memoria de los más pequeños?

¡Reír es algo serio!

A menudo nos tomamos demasiado en serio a nosotros mismos, nos olvidamos de reír. ¿Os acordáis de aquellas veces en las que os reíais hasta tener dolor de barriga, aquellos momentos en los que todos los problemas desaparecen como si estuviéramos en otra dimensión?

Pues esa sensación es la felicidad.

Pensad ahora en la risa de un niño, sin duda es uno de los sonidos más bonitos del mundo, llena la casa de alegría, nos vuelve optimistas y nos hace retroceder en el tiempo, cuando todo era asombro y admiración.

Reír es un extraordinario regulador de emociones, es un comportamiento que nos sintoniza fácilmente con los demás.

Lo realmente interesante es que también a los más pequeños les encanta hacernos reír y se benefician enormemente de esto.

Los recién nacidos sonríen ya desde el segundo mes de vida, es algo innato y fundamental para su desarrollo cognitivo, luego pasan a verdaderas 'sonrisas sociales' en los siguientes meses hasta tener comportamientos destinados a estimular la risa de los adultos. Precisamente por esto es esencial cultivar este aspecto de su ser desde los primeros años de su vida.

Un niño os contará un chiste no para llamar vuestra atención; para ellos significa simple y pura empatía, quieren hacer algo para hacerte feliz, para conectar contigo, la persona que aman.

El humor hará que vuestros hijos sean mejores personas. Estudios recientes han demostrado que los niños más divertidos desarrollan una mejor comunicación verbal y no verbal, por lo que no solo serán excelentes comunicadores, sino que serán capaces de manejar las relaciones sociales sin ansiedad, tratando de evitar conflictos y de establecer relaciones sinceras y duraderas.

El humor en los niños y en las etapas de crecimiento es un pilar fundamental, es un medio increíble para hacer amigos y una forma original de resolver problemas de todo tipo.

Seguro que os ha pasado alguna vez que, al volver del colegio, vuestro hijo os diga una adivinanza detrás de otra o que os exponga a una lluvia de colmos. Este comportamiento es fundamental para su autoestima y para el desarrollo de su empatía.

Los colmos y las adivinanzas, con sus juegos de palabras, son formas geniales para poner a prueba las habilidades lógicas, investigativas y extrovertidas de vuestros pequeños. Además, hacerlo en compañía de padres y abuelos, significa pasar tiempo de calidad.

Un niño aprende a través de la creatividad, por lo tanto estos trucos sirven para enseñarles a razonar, distraerlos y alejarlos de la tecnología a la que están demasiado acostumbrados.

En este manual encontrarás muchos chistes, 477, 150 adivinanzas y 150 colmos, seleccionados escrupulosamente para que sean adecuados para los más pequeños. Algunos de ellos pondrán a prueba incluso la habilidad de los más grandes.

¿A qué esperáis? Dejaos llevar por las carcajadas y poned vuestros cerebros a pensar junto a vuestros niños.

CAPÍTULO 1:
LAS 3 REGLAS PARA CONTAR UN CHISTE PERFECTO

No hagas caso a los que dicen que para contar un chiste hay que ser serio, de hecho, si tú mismo te ríes, incluso antes de contarlo, animarás a tu público a reír.

A continuación, te desvelaré los 3 secretos para contar un chiste perfecto que te permitirá hacer reír al 100% de las personas que lo escuchen.

Si eres un principiante o simplemente quieres perfeccionar tus técnicas, fija estas 3 reglas simples en tu mente y conviértete en un gran comediante.

1. ELIGE TU CHISTE CON ESMERO

Lo primero que debes de tener en cuenta antes de comenzar a contar tu chiste es estudiar a tu público.

- Elige la situación adecuada, un momento de descanso como el recreo, un momento de juego y de tranquilidad, en el colegio o en casa con tu familia. No intentes contar tu chiste "a la fuerza", hay ocasiones en las que la atención de tu potencial oyente está enfocada en otra cosa. Espera el momento adecuado y todo será más fácil.

- Elige tu chiste teniendo en cuenta la edad de tu público, por ejemplo, los chistes sobre Jaimito o sobre la escuela son perfectos para los más pequeños o para tus compañeros de escuela, y en cambio, no entenderían los más complicados. Estoy seguro de que podrás, por tu cuenta, elegir el chiste perfecto entre los cientos que encontrarás a continuación.

2. ESTUDIA EL CHISTE

Recuerda memorizar tu chiste, escríbelo en una hoja de papel si es necesario y de vez en cuando revísalo hasta que entre en tu mente.

No cuentes el chiste demasiado rápido o demasiado lento porque podrías hacer perder el interés de los que te escuchan. ¡Tómate tu tiempo, respira, concéntrate y ya!

Todos los chistes tienen una estructura simple:

- **PREÁMBULO:** aquí tienes que dar un poco de información inicial, presentar la situación, los personajes o el lugar.

- **CUERPO DEL CHISTE:** es la historia, el cuerpo de tu relato cuyo objetivo es llamar la atención del público para el final del chiste. Muéstrate relajado, piensa que los chistes siempre son nuevos para los que no los conocen, así que no te preocupes, mantente concentrado.

- **REMATE:** cada chiste tiene un remate, de lo contrario sería una simple constatación. El remate es lo que te hace reír, es el giro inesperado de tu historia. Céntrate en el remate, todo gira alrededor de él.

3. EVALÚA LAS REACCIONES:

Aprender de los errores es lo que distingue a los buenos cómicos de los malos.

Si has hecho bien tu trabajo siguiendo las instrucciones que te he dado, con práctica y una pizca de suerte, recibirás muchos aplausos, de lo contrario oirás "BUUUU", pero esto no debe desanimarte. Sigue entrenando y podrás entretener al público más difícil.

CAPÍTULO 2:
LOS MEJORES CHISTES

1- La mamá entra en la habitación de su hijo y dice: "¡Luis, vamos, despierta! Tienes que ir a misa a las 10". "¡No mamá, tengo 50 años y no tengo ganas de ir a la iglesia!" "¿Acaso fui yo quién te dijo que fueras sacerdote?".

2- Una anciana va a una tienda de electrónica a comprar un monitor de PC para su nieto, el dependiente se acerca de inmediato: "Señora, ¿qué necesita?" "Querría un monitor para el ordenador de mi nieto". "¿Cuántas pulgadas quiere?" "Mire, si es posible, lo prefiero sin pulgas".

3- Un italiano va a desayunar al bar y se encuentra con un inglés. El italiano se toma un buen capuchino y una bomba con crema mientras que el inglés toma solo un chicle, luego el italiano le pregunta al inglés: "¿No vas a desayunar?" "¡No, porque en Inglaterra comemos pizza y con las sobras hacemos bombas con crema y se las enviamos a los italianos!" El italiano continúa con su desayuno y se toma un trozo de tarta de manzana, una vez más le pregunta al inglés que sigue masticando el chicle: "¿Seguro que no quieres nada?" "¡No! Porque en Inglaterra comemos manzanas y con las sobras hacemos tartas y se las enviamos a los italianos" El italiano termina su desayuno y le pregunta al inglés: "¿Pero qué hacen ustedes los británicos con los bastoncillos para los oídos?" "Nos limpiamos los oídos y luego, por supuesto, los tiramos". "¡Oh, entiendo, en cambio nosotros los italianos los usamos, luego hacemos chicles y se los enviamos a los ingleses!"

4- Marcos y Luisa salen, dejando al perro en la casa, de repente alguien toca el timbre y el perro responde: "¡GUAU!". La señora de abajo: "¡Disculpa, pero no te entiendo!" "¡GUAU GUAU!" "¡No te entiendo!" "Señora, 'G' de Grecia, 'U' de Uruguay, 'A' de Alemania, 'U' de Ucrania' ¡GUAU!".

5- Tres mecánicos que trabajan en la misma calle, colocan un cartel fuera de sus talleres para atraer clientes. El primero escribe: "El mejor mecánico de la ciudad". El segundo escribe: "El mejor mecánico del mundo". El tercero, más listo, escribe: "El mejor mecánico de la calle".

6- "¡Oye! Pepe, ¿Sabes que mi perro repite todo lo que le digo?" "¡Entonces debe ser súper inteligente!" "No, es que se tragó al loro".

7- Carlos le dice a Lucas: "He perdido a mi gatito" "¿Has intentado poner un aviso en el periódico?" "Sí, lo he pensado, ¡pero él no sabe leer!".

8- Un cerdito le pregunta a otro cerdito: "¿Cuándo es tu cumpleaños?" "*OINK.*" "Ah, pensé que había sido ayer".

9- En una clínica, sale el doctor después de un parto y el padre del bebé le pregunta: "¿Doctor, dígame, cómo ha salido todo?" El doctor le contesta: "Ha salido bien, pero hemos tenido que ponerle oxígeno al niño. El padre, horrorizado, le dice: "Pero doctor, ¡nosotros queríamos ponerle Rafael!"

10- Antonio, un chico un poco tonto, se prepara para el servicio militar, su mamá le enseña a responder correctamente si le hacen alguna pregunta: «Entonces, si te preguntan cómo te llamas, responde "ANTONIO", si te preguntan cuántos años tienes, responde "21" y si te preguntan, ¿sabes inglés? le respondes "UN POQUITO", ¿Estamos?» Llega el día de la prueba y el examinador le pregunta: "¿Cómo te llamas?"

"21." "¿Cuántos años tienes?" "ANTONIO." "¿Eres tonto?" "UN POQUITO."

11- Un señor paseando por las calles del pueblo se fija en un muchacho que estaba contando semillas en una mesa y le pregunta: ¿Por qué estás contando esas semillas?" "Estas son semillas de pera, dicen que comerlas aumenta la inteligencia y las vendo por 2 euros cada una". El hombre intrigado le dice al muchacho: "Entonces compraré dos". Tan pronto como se come las semillas, inmediatamente se siente más inteligente y exclama: "¡Anda! ¡Con 4 euros habría comprado decenas de peras y habría tenido muchas semillas!». El muchacho exclama: "¿Has visto?, ¡Ha funcionado!" "Entonces, dame 2 más".

12- La cigüeña lleva a un viejecito en el pañuelo y él pregunta: "Oye, cigüeña, creo que nos hemos perdido, ¿no?"

13- La mamá: "¡Juan, cuando hagas pipí recuerda lavarte bien las manos tanto antes como después!" "¡Pero mamá, normalmente me las lavo mientras lo estoy haciendo!"

14- Un viejecito invita a un amigo a casa para jugar a las cartas. Al llegar a casa, el anciano le pregunta a su esposa: "Hola cariño, vamos a echar una partida, ¿te apuntas?" El amigo exclama: "¡Qué bonito! Después de todos estos años de matrimonio, ¿todavía la llamas 'Cariño'?" "¡Sí, es que no me acuerdo como se llama!"

15- Una señora llama al fontanero y le dice: "Hay una fuga en el calentador de agua" "¿Y ha avisado usted a los guardias de seguridad?"

16- Hay un inglés, un americano, un alemán y un italiano en un avión que está cayendo por exceso de peso. Entonces el inglés para aligerar la carga grita: "¡Por Inglaterra!" y se tira. El americano grita: "¡Por América!" y se tira. El italiano grita: "¡Por Italia!" y tira al alemán.

17- Un perro le dice a otro perro: "¡GUAU!" y el otro perro: "¡Me has quitado las palabras de la boca!"

18- Dos chicos cogen un tándem, después de 1 kilómetro, el chico de delante se detiene exhausto y todo sudoroso, diciéndole al de atrás: "¿No estás cansado?" "No, he estado frenando desde que salimos, ¡tengo miedo de atropellarte!"

19- Un hombre va al dermatólogo y le dice: "Se me está cayendo el pelo, ¿tiene algún método para conservarlo?" "¿En una bolsita está bien?"

20- Un hombre sale del juzgado. Su amigo, que le estaba esperando fuera, le pregunta: "¿Qué pasa, cómo ha ido?" y él le contesta: "Pues mal, me han quitado la Nocilla del niño". "¿La Nocilla? Será la tutela". "Bueno, si eso, la Nutella".

21- Un hombre regresa a casa después del trabajo, su esposa agitada le dice: "¡Querido, hoy el gato ha arañado a mi madre en un ojo!" "¡Oh, Dios mío! ¿Y al gato qué le ha pasado?"

22- La maestra ve a Jaimito llorando y le pregunta: "¿Qué te pasa Jaimito, por qué estás llorando?" Él contesta: "He perdido el compás y mi mamá me va a reñir". "Que no, Jaimito no pasará nada" le tranquiliza la maestra. "¡Claro que si maestra! Mi hermana perdió la regla y la echaron de casa".

23- Después de la operación, el paciente le pregunta al médico: "Doctor, ¿cómo fue la operación?" "Lo siento, no soy el médico, soy San Pedro".

24- "Mi hijo ha estado yendo a la escuela de música durante 15 años" "¿En serio?" "Sí, pero todavía no le han dejado entrar".

25- "Oye Paco, sabes que a José le han tenido que cortar las piernas?" "No me digas, ¿y cómo está?" "Pues más bajito".

26- Un hombre se encuentra con un viejo amigo suyo y le dice: "¡Hola Lucas! ¡Cómo has cambiado! Te has vuelto moreno; incluso, tus ojos, no eran negros y tu tez oscura, ¡recuerdo que era tan blanca como la leche!" "¡Pero si yo no soy Lucas, me llamo Juan!" "¿Te has cambiado de nombre también?"

27- Marcos le pregunta a Luis: "¿Por qué eres tan perezoso? Te pasas todo el día sin hacer nada." "No soy perezoso, solamente invierto mi energía de forma selectiva".

28- Un hombre muy melenudo va conduciendo y se para a pedirle información a un señor: "Oiga, ¿me falta mucho para León?" El señor se queda mirándolo y le contesta: "¡Pues... sólo el rabo!"

29- Es casi Navidad y dos asesores fiscales se reúnen para tomar un café, uno le pregunta al otro: "Entonces, ¿qué le vas a pedir a Papá Noel este año?" "¡50 euros, yo no le hago descuento a nadie!"

30- Un niño le dice a su mamá: "Me he tragado la aguja del tocadiscos de papá". "Ay mi niño, ¿y cómo te sientes?" "Me siento bien... muy bien, me siento bien... muy bien, me siento bien... muy bien."

31- Una impresora le dice a otra impresora: "¿Esa hoja es tuya o es impresión mía?

32- Un gusano logra subirse a un plato de fideos, interesado se asoma y exclama: "¡Qué bien, una fiesta!"

33- Un padre le dice a su familia: "Quiero veros a todos delante del televisor esta noche" y los demás en coro responden: "¿Por qué?" "¡Porque si os ponéis detrás no vais a ver nada!"

34- La novia de Pedro dice: «¡Qué hermosos ojos azules tienes! Sabes, un proverbio dice: "Quien tiene los ojos azules tiene el mar en su cabeza" y Pedro responde: "¿Y qué tienen los que los tienen marrones?"

35- Dos ladrones en el museo llegan frente al antiquísimo collar de la reina, uno de ellos le pregunta al otro: "¿Cuánto crees que valdrá este magnífico collar?" "En mi opinión, más o menos 15 años de cárcel".

36- Una abuelita le dice a un abuelito: "Cariño, llevamos juntos 40 años, ya va siendo hora de que nos casemos, ¿no?" "Pero querida, a nuestra edad, ¿quién nos va a hacer caso!"

37- Hay un francés, un inglés y un español que se desafían a quien resiste más en una habitación llena de moscas. El inglés entra y sale después de 1 minuto, el francés entra y sale después de 10 minutos, al final el español entra y sale después de 8 horas. El francés y el inglés le preguntan: "Eres un fenómeno, pero ¿cómo lo has hecho?" "Pues haciendo caca en una esquina".

38- Dos hombres, un médico y un empresario, se encuentran en Canarias y el médico le dice: "Hola, ¿cómo es que estás aquí?" "Estoy aquí porque mi casa y todas mis pertenencias han volado por los aires, pero el seguro me ha devuelto todo, ahora me estoy dando la gran vida". El empresario dice: "¡A mí también me pasó algo similar, un terremoto destruyó todas mis posesiones y el seguro me devolvió todo!" El médico se lleva al empresario a un lado y le pregunta en voz baja: "¿Oye, y cómo hiciste para provocar el terremoto?"

39- La pequeña Elisa y su mamá entran en un circo. De repente, Elisa se pone a llorar y su mamá le pregunta: "Hija, ¿qué pasa?" "¡Mamá, esa mujer de la taquilla me ha quitado la entrada!".

40- La maestra le pregunta a Carlitos: "¿Por qué tu examen de matemáticas está escrito con la letra tan pequeña?" "¡Maestra, porque al menos así no ve los errores!"

41- Un tacaño, como todos los viernes, va de compras a una pequeña tienda de comestibles del pueblo, entra y dice: "¿Me pone 200 gr de jamón serrano y 200 de jamón de York?" "¡Oiga, usted todavía tiene que saldar su vieja deuda!" "Está bien, no se preocupe, ¡mañana le mando al herrero!"

42- Don Lucas le pregunta a la pequeña Lucía: "Mi querida niña, sé que eres una buena niña, pero ¿antes del almuerzo rezas?" "¡No, mi mamá sabe cocinar muy bien!"

43- En una cena de negocios Martín le pregunta a Roberto: "Oye Roberto, ¿cuál es tu plato favorito y por qué?" Roberto responde: "Pues el hondo, porque cabe más comida".

44- En un árbol hay 3 peras, una se cae y las dos restantes se burlan de ella. La pera caída las mira y dice: "¡Sois unas inmaduras!"

45- Dicen que el dinero no compra la felicidad, pero es mucho mejor llorar en mi Ferrari dentro de la cochera de mi mansión.

46- Un hombre regresa a casa y le dice a su mujer: "Cariño, he recibido el estado de cuenta de la tarjeta de crédito que te robaron el mes pasado". "Pero querido, ¿por qué no la has bloqueado todavía?" "¡Pues muy fácil, el que te la robó gasta mucho menos que tú!"

47- El maestro le pregunta a Lucas: "¿Cuántos ceros hay en 1 billón?" "9, maestro". "Muy bien Lucas, ¿y en medio billón?" "¡4,5 ceros, maestro!"

48- ¿Por qué las focas que están en el circo miran siempre hacia arriba? Porque arriba es donde están los focos.

49- En un bloque de pisos, en la puerta de una casa hay un anuncio en el que pone: "Se vende piano" y en la puerta de la casa de al lado hay otro anuncio en el que se lee: "¡Aleluya!"

50- "Hijo mío, pero ¿cómo es posible que tengas miedo de dormir solo? Todas las noches la misma historia". "Y tú, papá, ¿por qué duermes con mamá todas las noches?"

51- La mamá le enseña las fotos de ella de joven a su hija Martina quien con curiosidad le pregunta: "Mamá, ¿quién es ese chico tan hermoso abrazado a ti?" "¡Cariño, es tu papá!" "Entonces, ¿quién es ese hombre gordo sin pelo que vive en nuestra casa?"

52- De noche, en una terraza, un hijo le pregunta a su padre: "Papá, ¿qué está más lejos, la luna o Murcia?" El padre le contesta: "Hijo, tú ves Murcia desde aquí?"

53- La maestra le pregunta a Jaimito: "A ver, Jaimito, ¿puedes nombrar a tres miembros de la familia de los osos?" "Hmm... papá oso, mamá osa y bebé oso".

54- La maestra le pregunta a Carlitos: "En esta frase: *el policía arresta al ladrón*, ¿dónde se encuentra el sujeto?" "En la comisaría, maestra".

55- "Mamá, mamá en el colegio me llaman despistado". "Niño, esta no es tu casa".

56- Una mujer le dice al médico: "Doctor estoy muy preocupada, mi hijo hace estatuillas con su caca, ¿le parece normal?" "Mire señora, no se preocupe, es una patología muy común entre los niños, pasará sola con el tiempo" "Está bien doctor, me ha tranquilizado, ¡se lo digo solo porque su esposa también está muy preocupada!"

LOS 777 MEJORES CHISTES Y ADIVINANZAS PARA NIÑOS

57- Un hombre le pregunta a un transeúnte: "¡Oiga! Buen hombre, discúlpeme, ¿dónde puedo coger el autobús para llegar al cementerio?" "Mire, puede tomarlo de frente".

58- Una madre le dice a su hijo: "¡No vuelvas a decirle a tu amiga que es fea! Además, te disculpas ahora mismo y le dices que lo sientes mucho". "Está bien, siento mucho que seas tan fea".

59- Un chico un poco grosero está paseando con su mamá, de repente se encuentran con un hombre muy gordo y el chico exclama burlándose: "¡No sabía que los armarios supieran caminar!", el hombre le lanza una bofetada y el chico: "¡Hasta se abrió una puerta!"

60- ¿Cómo se llama el santo de los zapatos? San dalia.

61- Una mujer le dice a su marido: "Querido, anoche soñé que comprábamos una casa en el campo, ¡Quién sabe lo que significará...!" "¡Menos mal que era solo un sueño!"

62- Dos amigos, pasan frente a una taberna donde el tabernero gritaba: "¡Vengan, entren y coman todo lo que puedan, su cuenta la pagarán sus nietos en 40 años!", los dos chicos no dejan escapar la oportunidad de llenarse la barriga sin gastar un euro, así que, entran y comen hasta hartarse, a la hora de salir, el tabernero les enseña la cuenta de 200 euros e inmediatamente uno de los chicos exclama: "¡Pero disculpe! ¡Usted dijo que nuestros nietos pagarían la cuenta en 40 años!" "Por supuesto, pero esta es la cuenta de sus abuelos".

63- El Papa llegaba tarde a una cita con el presidente de la República, el chófer, por seguridad, iba a un máximo de 50 km/h, por lo que el Papa le pide que le deje conducir y comienza a correr a 100 km/h. De pronto se topan con un puesto de control con dos policías, el superior le dice al otro: "¡Ve y ponles una buena multa, no pueden ir tan rápido por aquí!" El policía regresa y dice: "¡Mi comandante no he podido hacer nada!" "¡Pero cómo que no! ¿Quién estaba conduciendo, un general?" "No". "¿El Jefe del Estado?" "No". "¡Y quién era! ¿El presidente?" "¡No sé, solo sé que tenía de chófer al Papa!"

64- Un niño llega a su casa muy contento después de un partido de fútbol. Sus padres le preguntan: "¿Qué tal? ¿Cómo te ha ido?". "¡Muy bien! ¡He jugado el mejor partido de mi vida!". "Qué bien, y cómo habéis quedado?" "Pues hemos perdido 2 a 1".

65- Un grupo de chicos se encuentra en el vestuario después de un partido de fútbol, suena un móvil en una taquilla, uno de ellos se acerca y responde poniendo el altavoz: "¿Quién es?" y al otro lado: "Cariño, soy yo, estoy de compras y he encontrado un bolso muy bonito por solo 2000 euros, ¿qué dices, me la llevo?" "Por supuesto querida, paga con mi tarjeta". "Hace rato, pasaba por delante de la sala de exposiciones de Ferrari y vendían uno por 250.000 euros, ¿qué te parece? ¿lo compramos?" "Por supuesto, cómpralo también". "Gracias mi amor, ¿Te acuerdas de ese apartamento que vimos hace un tiempo? El precio ha bajado y lo están vendiendo por 850.000 euros, ¿qué te parece?" "Cariño, ofréceles 750.000 euros y verás que aceptarán la propuesta, ahora te dejo que voy a ducharme". "Ok amor, nos vemos esta noche". El chico cuelga el teléfono bajo la mirada incrédula de los demás, y sonriendo dice: "¿Sabéis de quién es este móvil?"

66- Cada mañana, cerca de la parada de autobús, un abogado entra en una cabina telefónica y poco después sale muy contento. Una señora que lo había estado observando durante unos días le pregunta: "Señor, ¿por qué entra en esa cabina y sale cada día más feliz?" "Señora, porque cada vez que levanto el teléfono, pregunto quién es el mejor abogado del mundo y me responden... tú... tú... tú".

67- Un hombre va a ver a un adivino muy famoso, llega delante de su apartamento y toca el timbre "RINNNG!"... "¿Quién es?" "Ah... ¡empezamos bien!"

68- "Juan entra en el autobús con su padre y le pregunta al conductor: "¿Cuánto cuesta el autobús?" "Un euro". "Pues entonces bájense todos que me lo compro ahora mismo".

69- Una pareja va a hacer una caminata por la montaña, el marido se resbala y se cae por un barranco. La mujer se asoma y le pregunta: "Cariño, ¿estás vivo?" "¡No sé, todavía estoy cayendoooooo!"

70- Una chica explota de alegría, 5 heridos y 7 muertos.

71- El nieto va a visitar a su abuelo de 109 años para las fiestas de Navidad, después de pasar un bonito día con él le dice: "Abuelito, espero volver a verte la próxima Navidad" "¿Por qué hijo mío? ¿No te encuentras bien?"

72- Dos hombres se encuentran a las afueras del paraíso y uno de ellos curioso le pregunta al otro: "Oye hola, ¿cómo moriste?" "Morí congelado, ¿y tú?" "Estaba seguro de que mi esposa tenía un amante, un día regresé antes del trabajo a propósito convencido de encontrarlo con ella, busqué por toda la casa sin encontrar a nadie, arrepentido por haber dudado de ella, me maté". "¡Sabes, deberías de haber mirado en el congelador!"

73- En el colegio el profesor pregunta: "Javier, ¿cómo mató David a Goliat?" "Con una moto" "Querrás decir con una honda" "Si, bueno, ¡podría haber dicho que quería saber también la marca!".

74- "Busco el mar y te encuentro, busco la luna y te encuentro, busco la felicidad y te encuentro, ¡amor, quítate de en medio por favor!"

75- "Señor ¿Cuánto cuesta alquilar un coche?" "Depende del tiempo". "Ok, supongamos que llueve".

76- En la consulta del psicólogo el doctor le pregunta al paciente: "Oiga, por qué está usted hablando con sus zapatillas?" El paciente le contesta: "Doctor, ¿no ha visto usted que aquí pone *Converse*?"

77- Luis le pregunta a su mamá: "Mamá, porque cuando lloro nadie nota que estoy y tampoco cuando me río y estoy feliz nadie nota que estoy". "Hijo mío, intenta tirarte un pedo, ¡verás como todo el mundo se da cuenta!"

78- Un parapente con 3 pasajeros cayó sobre el cementerio de la ciudad, los policías ya han extraído 350 cuerpos y aún no los han encontrado.

79- Dos chicos que repiten el año escolar se encuentran fuera del aula y uno le dice al otro: "Entonces, ¿cómo te fue?" "No pude responder a una pregunta que según ellos era muy fácil, ¡me preguntaron cuál era el apellido del famoso pintor Leonardo!" "¡Pero vamos! Esa pregunta era muy fácil, ¡DiCaprio!"

80- Marcos va al médico y le dice: "¡Doctor, doctor, tengo un hueso fuera!". "Dígale a la secretaria que lo haga pasar, por favor."

81- Caperucita se encuentra con el lobo y... "¿A dónde vas, Caperucita?" "¿Y a ti qué te importa?" "Caracoles, ¡cómo ha cambiado el cuento!".

82- El jefe del pelotón le pregunta al soldado: "¿Para qué necesitas la cinta adhesiva?" "¡Señor, para pegar a nuestros enemigos!"

83- El médico le dice al paciente "Señor, tengo que decirle que usted es asmático", "Doctor, ¿es grave?" "No señor, es esdrújula".

84- Pedro le dice a Juan: "Si besara a tu esposa, ¿seguiríamos siendo amigos?" "¡No! Estaríamos en paz".

85- "¿Te gustan las bayas venenosas?" "¡Claro... están que te mueres!"

86- Pablito le dice a su padre: "Papá hoy me he peleado con un niño en el colegio" "¿Y te defendiste?" "Si papá, ¡le destrocé los puños con golpes de nariz!".

87- "¡Tu marido me contó una historia tan increíble que casi me caigo de la cama!"

88- "Jefe, necesito un aumento para casarme". "Sé que el sueldo no te alcanza para casarte, pero créeme, algún día me lo agradecerás".

89- Una amiga le pregunta a la otra: "¿Cómo está tu marido?" "Pues ya sabes... tiene sobrepeso". "Oh, bueno, es un hombre como muchos otros". "¡Sí, como tantos otros, pero todos juntos!".

90- "¡Doctora, mi perro me mordió la pierna y me arrancó un pedazo de músculo!" "¿Y le puso algo encima?" "¡No, se lo comió así, al natural!".

91- "Papá, papá, ¿dónde está Argentina?" Pregúntaselo a tu mamá hijo, que lo esconde todo.

92- Luis le dice a Mario: "¿Sabes lo que pasa si llamas a la policía con el 190?" "No, ¿qué pasa?" "Viene marcha atrás."

93- La nueva aplicación más descargada por los fabricantes de embutidos es: *"Tripa Advisor"*.

94- "Mamá, mamá no quiero jugar más al rompecabezas con Javi". "¿Por qué dices eso hijo? ¿No sabe jugar?" "Sí sabe, ¡pero empieza a llorar al primer martillazo!"

95- "Doctor, ¿cómo conservo el poco pelo que me queda?" "Muy sencillo, métalo en un cofre".

96- Una niña le pregunta a su padre: "Papá, ¿dónde está el abuelo?" "Hija mía, el abuelo se cayó del 7º piso y ahora se ha ido al cielo". "¡Pues vaya rebote!"

97- Qué difícil es discutir con un DJ, ¡siempre está cambiando de tema!

98- Julio le dice a Francisco: "Esta mañana por fin he terminado mi puzzle". "¿Era difícil? ¿Cuánto has tardado?" "¡Solo 6 años!" "Pero ¿cómo? ¡Has tardado mucho tiempo!" "En las instrucciones ponía de 6 a 8 años".

99- "Papá, ¿por qué los monos tenemos los brazos tan largos?" "Hijo, para poder agarrar los frutos más altos". "Papá, ¿por qué somos tan ágiles?" "Para poder trepar a los árboles y escapar de los depredadores". "Papá, ¿por qué tenemos tanto pelo?" "Porque tenemos que resistir el frío de la selva". "Papá, pero entonces, ¿por qué estamos en el zoológico de San Diego?"

100- Un hombre se niega a estrechar la mano de su compañero, ¡un trapecista muere durante la actuación!

101- El timbre suena: "Hola, soy Lucas, estoy buscando al Sr. Judas". "Lo siento, ha salido a cenar".

102- Tres ladrones se reúnen en un descampado para organizar un atraco. El primero sale y regresa con un botín de 5 bolsas y le dice a los demás: "Chicos, ¿veis ese árbol tan grande? Detrás hay una gran aldea, robé todos los objetos de plata que encontré". El segundo regresa con un botín de 8 bolsas y dice: "¿veis ese árbol tan grande? Detrás hay una gran aldea, robé todo el oro que encontré". El tercero sale y regresa con una pequeña bolsa y los demás riendo le preguntan: "¿Pero cómo, no has robado nada?" "No, ¿veis ese árbol? Pues yo no lo vi, en la bolsita están mis dientes."

103- Un hombre deja su motocicleta nueva en un aparcamiento con un letrero que dice "¡No la robes porque igual no tiene gasolina!" Regresa del trabajo y se dirige al aparcamiento para coger su motocicleta, la moto ya no está, pero encuentra un letrero que dice "¡No te preocupes, la gasolina ya la ponemos nosotros!"

104- ¿Qué profesor está siempre escapándose   ¡El Prof. Ugo!

105- "Luis, ¿Sabes que mi hermano va en bicicleta desde los 5 años?" "Mmm, entonces ya debe estar muy lejos".

106- "Pedro, ¿sabes cuál es el pez que huele mal" "No, ¿Cuál es?" "¡El peztoso!"

107- A caballo regalado... ¡Gracias!

108- Por andar con cojos... ¡siempre llego tarde!

109- Álvaro le dijo a su amigo: "¿Manolo, te gustan mis gafas? Son nuevas". Manolo le contestó: "Pues la verdad, no mucho". Álvaro: "Son progresivas". Y Manolo: "Ah bueno, entonces ya me irán gustando".

110- Dos tomates van andando por la calle. Pasa un camión y atropella a uno de ellos. El otro, preocupado, le pregunta "Ay pobre ¿qué te han hecho? Y él responde: "Ketchup".

111- Un hombre va a casa del padre de su novia para pedirle la mano. Él llama, la puerta se abre: "Hola, estoy aquí para pedir la mano de su hija". El padre: "¡Te la daré, pero ponla en el congelador porque si no, en un par de días se pone mala!"

112- Un cantante de ópera va al médico: "Doctor, escucho silbidos en mis oídos" "¿Ha intentado usted cantar mejor?"

113- "Miro por la ventana, el búho canta, un águila vuela hacia el cielo y me observa, el perro trepa al árbol de enfrente y la ardilla se desliza sobre la nieve... ¿Amor, estás segura de que lo que comimos en la cena eran champiñones?"

114- Dos amigos se encuentran, uno dice: "Tengo un perro muy inteligente, cuando le digo "HIP – HIP", corre hacia mí y se acuesta en el suelo". "El mío es mejor que el tuyo, cuando le digo 'HIP – HIP', él responde 'HURRA".

115- En un asilo, el supervisor le pregunta a un anciano: "¿Sabes cuál es la diferencia entre el water y la ducha?", el anciano responde: "No". "¡Ah! ¡entonces has sido tú, cochino!"

116- Disculpe, ¿usted trabaja para Fiat?" "¡Sí, todavía me faltan dos o tres plazos y he terminado!"

117- Marido y mujer se van de viaje a Madrid, por la noche deciden ir a un restaurante a degustar los platos típicos. El camarero les sugiere el famoso "rabo de toro". Lo prueban, les gusta mucho y deciden pedir otra porción. El camarero les sirve el plato, pero esta vez es mucho más pequeño y el marido pregunta: "Oiga, ¿por qué es tan pequeño?" "¡Señor, tiene saber que en la corrida no siempre gana el torero!"

118- El sacerdote de la parroquia de un pequeño pueblo, tiene una idea para financiar la renovación del techo de la iglesia. Encarga a 3 jóvenes, uno de los cuales tartamudo, a vender los Evangelios dándole 30 a cada uno. Después de un par de semanas, los convoca para saber cómo ha ido la venta: "Entonces, Diego, ¿cuántos evangelios has vendido?" "He vendido 8". "¿Y tú, Carlitos?" "Yo he vendido solo 1". "¿Y tú Samuel? ¿cuántos has vendido?" "Lo-los he ve-vendido to-todos". "Increíble, ¿cómo lo has hecho? ¿Qué les dijiste?" "Mu-mu-mu-y fa-fa-fácil, o lo co-com-mpr-pr-pras o te lo le-leo to-to-ddo!"

119- ¡Mi hermano tiene tan mala suerte que se sentó en un pajar y se clavó la aguja!

120- Un matrimonio va a visitar un famoso pueblo donde los habitantes tienen la fama de ser los más longevos del mundo. Caminando por las calles del pueblo, ven a un anciano que estaba desesperado y le preguntan: "Oiga, ¿cuántos años tiene usted?" "Tengo 102 años". "¿Pero por qué estás llorando?" "Porque mi papá me castigó". La pareja asombrada le pregunta: "¿Y por qué?" "Porque hice enfadar a mi abuelo".

121- Hay indicadores que nos hacen entender cuando estamos envejeciendo, por ejemplo el cerebro ya no recuerda bien, las piernas se vuelven cada vez más pesadas y... el cerebro ya no recuerda bien...

122- Una mujer le dice a su amiga: "Ayer compré un libro llamado 'EL HOMBRE MÁS DULCE Y CARIÑOSO DEL

MUNDO'". "Tiene buena pinta, ¿dónde lo has comprado?" "¡En la librería del supermercado, en la sección de ciencia ficción!"

123- Tres hombres aficionados a la caza se encuentran en un bar y presumen de sus presas asesinadas, el primero dice: "El año pasado estuve en el bosque, un jabalí vino hacia mí a toda velocidad, esperé hasta que se acercara a unos 10 metros y luego "BUM", ¡muerto!" "Yo, en cambio, estaba en la sabana, un gran tigre me tenía acorralado, corrió hacia mí, esperé a que llegara a los 8 metros y... "¡BUM", muerto!" "Yo, en cambio, estaba en las montañas con mi fiel rifle, un oso pardo me acorrala, y cuando estaba a 4 metros de distancia... "¡BUM", muerto!" Un joven sentado en el taburete de al lado, había escuchado todas las historias y dice: "Ustedes son principiantes. Yo sin pistola, me acerqué a un oso pardo y me tiré un pedo en su cabeza". Los demás, incrédulos: "¡Increíble! Entonces, ¿cómo terminó?" "Pues nada, me echaron del zoológico".

124- No quiero ver más medios de comunicación, prefiero que estén completos.

125- "Hola Paco, ¿cómo es que estás así, sin una pierna?" "Sabes Juan, la compañía para la que trabajo ha comenzado a recortar personal".

126- "Maestra, ¿qué quiere decir 'why'?" "¿Por qué?" "Por saberlo, maestra".

127- Había una vez un hombre tan pequeño, tan pequeño que se subió a una canica y dijo: "¡Soy el dueño del mundo!"

128- Un hombre muy vago decide hacer obras en su casa y llama a un albañil para explicarle lo que quiere. El albañil le dice: "Para hacer eso habría que tirar el muro contiguo". A lo que el vago contesta: "¿*Conmiguo*? pues entonces mejor lo dejamos así".

129- Dos amigos en el bar: "Me han dicho que en tu casa lavas los platos, la cocina, el baño, ¿y tu esposa?" "Ella se lava sola".

130- Van dos mosquitos en una moto. El de atrás le grita al de delante: ¡Oye, para, que se me ha metido una mosca en el ojo!

131- Un hombre tiene la mala costumbre de tirar la basura todas las noches en el jardín de su vecino. Una noche el vecino lo pilla y le dice: "Si sigues tirando la basura en mi jardín tendré que dar parte a la policía". "A mí me da igual, si quieres se la puedes dar toda, ¡yo no la quiero para nada!"

132- ¿Cómo se dice "Marinero pobre" en chino? "Chin chu lancha".

133- Un pececito le pregunta a otro pececito: "Oye, ¿qué hace tu papá?" "Nada".

134- Miguel le dice a su papá: "Papá, papá ¿yo soy adoptado?" "No, ¿tú crees que te habríamos escogido a ti?"

135- Esta es la historia de un perro que tenía una pata de goma, se rascó y se borró.

136- Marcos le comenta su amigo: "Mi hijo me pide siempre dinero. La semana pasada fueron 300 euros, ayer 600 ¡y hoy me pide 1000!" "¿Y qué hace con todo ese dinero? "No lo sé, nunca se lo he dado".

137- Dos amigos están en un banco cuando de repente entran unos ladrones enmascarados con armas. Rápidamente uno de ellos le da 100 euros al otro. "¿Para qué es esto?" "Son los 100 euros que te debía por la cena del otro día".

138- Anuncio: *"Se vende apartamento en el Vesubio, ¡calefacción independiente!"*.

139- Un niño fue abofeteado por la vecina, la madre indignada y furiosa fue a pedirle explicaciones: "¿Señora, por qué le ha pegado a mi hijo?" "Por maleducado, me ha llamado gorda". "¿Y cree que pegándole va a adelgazar?"

140- Un anciano es atacado por un ladrón, de repente un hombre enmascarado llega en un magnífico caballo, en su pañuelo tenía una gran "Z" y en pocos segundos aleja al ladrón. El anciano lo mira y dice: "¡Te estoy infinitamente agradecido por salvarme, Zuperman!"

141- Entrevista de trabajo en el banco. El director: "Dígame, ¿cómo haría un giro bancario?" "¡Pues muy fácil! Con el compás".

142- Jaime va a hablar con su jefe: "Hola jefe, vengo a solicitar un aumento de sueldo porque me he casado y ahora tengo muchos gastos". "Lo siento, pero esta empresa no cubre los accidentes ocurridos fuera del trabajo".

143- Una amiga le dice a otra: "¿Sabes cómo se llama el campeón de buceo japonés? 'Tokofondo'". "¿Y el subcampeón?" "Kasitoko".

144- Un amigo le dice a otro: "Oye, ¿sabes algo de Juan, que llevo tiempo sin hablar con él? "Pues sí, se ha muerto el pobre". "Ay, menos mal, pensaba que se había enfadado conmigo."

145- Un hombre le dice a su amigo: "Oye, el médico me ha mandado tomarme 3 muestras de orina pero sólo he conseguido tomarme una. ¡Está malísima!"

146- En la parada del autobús un hombre le pregunta a una mujer: "Disculpe, ¿por casualidad pasa el 16 por aquí?", la señora saca su agenda de su bolso, la mira y dice: "Mire, lo siento, el día 16 ya tengo un compromiso".

147- "Mañana me someten a una pequeña cirugía, me van a extirpar un quiste". "¿Dónde?" "¡Pues en el quirófano!"

148- En un pequeño pueblo, hay dos hermanos que se dedican a hacer mudanzas. Un día, uno de los hermanos va por la calle con un armario gigante, Uno del pueblo le pregunta: "Oye José, ¿y tu hermano?, ¿no te ayuda hoy?" A lo que José contesta: "Claro que sí, está dentro sujetando las perchas".

149- "¡Doctor, se me mueve el puente!" "¿Ha tomado usted alucinógenos?"

150- Miguel le pregunta a Javier: "¿Dónde has estado todo este tiempo?" "Con mi novia hindú". "¿Y es guapa?" "Bueno, tiene su puntito".

151- "Querida, tengo ganas de pasar una bonita noche, ¿qué dices?" "Está bien amor, ¡pero no formes jaleo cuando vuelvas!"

152- Durante una acalorada discusión entre una mujer y su marido, ella dice: "¡Pues no consigo entender de quien sacó los defectos nuestro hijo!" "Querida, seguramente no de ti, ¡todavía los tienes todos!"

153- Un tigre se encuentra con un caballero y exclama: "¡Ya no soporto más la carne en lata!"

154- Dos amigos se encuentran y uno le dice al otro: "¡Sabes Juan ahora que te miro mejor, eres igual que mi mujer!" "¿Pero qué dices? ¿En serio?" "¡Por supuesto, aparte de la barba, sois dos gotas de agua!" "¡Pero yo no tengo barba!" "¡Tú no, pero mi mujer sí!"

155- En el torneo mundial clandestino de lucha canina, gana un perro grande y muy musculoso. El dueño del segundo lugar le pregunta al dueño del ganador: "¿Dónde has encontrado un perro tan fuerte e imbatible?" "¡Viene de África, yo solo le he cortado la melena!"

156- Estaban dos tontos en un parque, y uno le pregunta al otro: "¿Qué llevas en esa canasta?" "Si lo adivinas, te doy un racimo". "¿Galletas?"

157- Un hombre le dice al camarero: "¡Hoy estoy a dieta, solo quiero una ensalada!" "¿César?" "No, yo me llamo Marcos".

158- ¿Qué le dice un espagueti a otro? ¡El cuerpo me pide salsa!

159- Una pareja de novios camina por el parque, al ver a otra pareja besándose apasionadamente la chica le dice a su novio: "Mira allí amor, mira que besos tan apasionados, ¿por qué no lo haces tú también?" "Pero amor, ¿cómo voy a hacer eso? ¡No la conozco!"

160- Pedro era tan feo, pero tan feo, que subió una foto suya en Instagram y la detectó el antivirus.

161- "Mamá, mamá... Me he cortado un dedito". "Ponte una bendita". "¡Pero es que no lo encuentro!"

162- "Oiga, ¿me podría poner un café con leche corto?" "Se nos ha roto la máquina, cambio".

163- Un rompecabezas incompleto se encuentra con un rompecabezas terminado: "¡Oye! ¿Qué tal?" "¡Ni te digo, estoy hecho pedazos!"

164- Un hombre entra en una heladería y pide un helado, pasan 5 minutos y pide otros cinco, después de 10 minutos pide otros diez, pasan 20 minutos y pide otros veinte, al cabo de un rato el heladero le pregunta: "Pero señor, ¿no le parecen demasiados?" "Tiene razón y si supiera lo que tengo..." "¿Y qué tiene?" "¡Solo 5 euros!"

165- Un prisionero a su compañero de celda: "Alfonso, ten cuidado, mañana por la noche tienes que escapar y hacer una nueva vida, ¿has encontrado la sierra que te puse ayer en la sopa?" "Eh si, mañana me operan".

166- Luis era tan malo pero tan malo que se envió un e-mail a sí mismo y le llegó en la bandeja de "correo no deseado".

167- ¿Cuál es el vino más amargo? "Vino la suegra".

168- Un actor ensayando para una obra de tractores: "Brrr - vruuum-blem-sprgn-grut". "¿Qué estás haciendo?" dice el director. "Estoy recitando unos versos".

169- Una señora va a comprar huevos al granjero: "Señor, me gustaría que estuvieran muy frescos, ¿está seguro de que son del día?" "Por supuesto, las gallinas duermen por la noche".

170- "¡Me has dado una patada muy fuerte! ¡Ahora ya no puedo ir a misa!" "¿Y qué tiene que ver?" "¡Pues que me has roto el sacro!".

171- Dos amigos en el bar, uno le dice al otro: "Mi primo es un verdadero genio, cogió el motor de una Ducati, el cuadro de una Kawasaki, los silenciadores de una Honda y los carenados de una BMW". "¿Y qué hizo?" "¡Pues que le echaran 5 años de prisión!"

172- "Hola, ¿es aquí el examen de jardinería?" "No, se ha equivocado de planta". "¡Pues si que he empezado bien!"

173- Un hombre en la frutería: "Disculpe, querría 2 kilos de manzanas" "¿Las quieres verdes o rojas?" "¡No importa, después las pelo!"

174- Arturo le pregunta a su esposa: "Pero ¿qué haces aquí? ¿no ibas a la iglesia?". "Si, pero han dicho ¡que entren las devotas!, así que me volví para casa porque yo iba con sandalias".

175- El policía dijo al armadillo: «¡Si has escondido algún arma-dilo!»

176- Un joven llega a su casa a las 2 de la madrugada. El padre le pregunta enfadado: "Niño, ¿qué horas son estas de llegar?" Y él: "No, pero si yo vengo solo a por la guitarra."

177- En Roma, un joven aparca su moto frente al Parlamento, inmediatamente un policía se dirige a él diciéndole: "¡Muchacho, no puedes aparcar aquí!", "¿Y por qué?" "Porque los políticos pasan por aquí". "Pero señor policía, ¡mire que la moto está asegurada!"

178- ¿Qué hace Miguel Ángel en el Polo Sur? Un fresco.

179- Lucas era tan pequeño, tan pequeño, que no le cabía la menor duda.

180- Un tacaño se sube al tranvía y le pregunta al revisor: "Disculpe, ¿debo pagar el billete para una flor?" "¡Por supuesto que no!" "¡Vamos Margarita, sube!"

181- ¿Qué hace una vaca con un rifle? Va-a-cazar.

182- Hay dos vacas que están discutiendo, una le dice a la otra: "¿Has oído hablar de esa enfermedad que podría volvernos locas?" "Disculpa, pero ¿a mí qué me importa? ¡Si yo soy una cebra!"

183- Pinocho estaba caminando por la sabana cuando se encontró con una familia de elefantes, los observó y luego le dijo a uno de ellos: "¿Tú también? ¿Quién sabe cuántas mentiras habrás dicho?"

LOS 777 MEJORES CHISTES Y ADIVINANZAS PARA NIÑOS

184- "Mamá, mamá, me gustaría ser actriz, quiero decir, que me gustaría mucho entrar en el cine, ¿qué me aconsejas que haga?" "¡Pues hija, ve a comprarte una entrada!"

185- Ana le dice a su marido: "Antonio, estás obsesionado con el fútbol y la verdad es que me haces falta". Él, muy enfadado, le contesta: "¡qué va, ni te he tocado! Vamos a recurrir al VAR".

186- Una oveja dice: "Beeh!". La otra responde: "¡Me has quitado las palabras de la boca!"

187- "Ya ha pasado un siglo". "¿Y dónde se ha ido?"

188- Una chica se siente observada por un chico, enfadada le dice a su amiga: "¡Si no deja de mirar, voy allí y le digo cuatro cosas!" La amiga: "¿Y qué le dirías?" "¡Uno, dos, tres y cuatro!"

189- Un policía llama a un técnico informático y le dice: "Oiga, mi ordenador ya no funciona, ¡he detenido el sistema!"

190- "Era un hombre tan bajito que cuando llovía era siempre el último en saberlo".

191- "Querida, ¿dónde has estado hoy?" "En el salón de belleza". Su esposo la mira y le dice: "Ah, y estaba cerrado, ¿no?"

192- Un hombre va a un bar y el camarero le pregunta: "Hola, ¿quieres una copa de vino?" "Yo soy abstemio". "Disculpe Abstemio, ¿quiere usted una copa de vino?"

193- "Cariño, me gustaría hacerme otro agujero". "Hombre, es verdad que no haces caca todos los días, ¡pero otro agujero me parece excesivo!" "¡Pero qué dices, quiero hacerme otro piercing!"

194- Un psicólogo a un colega suyo: "Sabes, tengo un paciente que está perdiendo la memoria día tras día" "Oye, pues entonces cóbrale en seguida".

195- Polifemo le dice a su mujer: "Querida, si preguntan por mí, hoy no estoy para Nadie".

196- "¡Mamá, mamá, ayer salí con la heroína!" "¡Eres un sinvergüenza!" "Pero mamá, ¿qué has entendido? ¡Fui a cenar con Super Woman!"

197- ¿Para qué quiere un hombre lobo un tractor? Para sembrar el pánico.

198- Antes de la boda, el padre de la novia, se dirige al prometido y le dice: "Muchacho, pero tú, ¿estás seguro de que puedes mantener a la familia?" "¡Claro, por supuesto!" "Mira que somos 11".

199- "Doctor, ¿se acuerda de ese medicamento que me recetó ayer para reponer fuerzas?" "¡Si, claro, dígame!" "Pues es que no consigo abrir la caja".

200- «Mamá, ¿por qué la rebanada de pan con mermelada cuando se me cae, siempre se cae al suelo por el lado de la mermelada?» «Cariño, es simple, porque pones la mermelada en el lado equivocado.»

201- "Papá hoy estuve en un espectáculo de magia, el mago era muy bueno, convirtió 2 euros en una paloma, increíble, ¿te lo puedes creer?" "¡Por supuesto hijo mío, me lo creo! ¡Hoy tu mamá ha convertido 100 euros en un bolso!"

202- El comandante de la Guardia Civil le pregunta al cabo: "¿Por qué has llenado el coche de agua?" "¡Porque tenía miedo de que se muriese la sirena!"

203- Pedro entra en un videoclub y le pregunta al dueño: "Oiga, ¿puedo alquilar *Batman Forever*? Y el dueño le contesta: "No, *forever* no puedo, tiene que devolverla *tomorrow*."

204- Un hombre con diarrea llama al médico para saber qué comer y qué evitar: "Hola, doctor, ¿puedo beber vino con diarrea?" "Pues mire, si le gusta el sabor ¡usted verá!".

205- "Doctor, mi esposo piensa que es una oveja". "Mañana venga con él y veremos qué se puede hacer". "Está bien, deme solo el tiempo suficiente para trasquilarlo y llegamos".

206- Dos amigos se encuentran, uno de ellos muy triste le dice al otro: "¿Sabes que ayer me robaron la moto?" "¿Se lo has dicho a la policía?" "Sí, me han dicho que no ellos no tienen nada que ver".

207- Un matrimonio estaba durmiendo en su casa y de repente se levanta uno y grita: "¡Cariño despiértate! ¡Se está quemando la casa!" "Está bien cariño, pero no grites que se va a despertar tu madre".

208- Después de una pelea entre marido y mujer, ella llama a su madre y le dice: "Mamá, he discutido con mi marido, he pensado que, para hacérselas pagar, me voy a ir a tu casa una semana". La mamá responde: "Cariño mío, escúchame, si realmente quieres hacérselas pagar, ¡me voy yo para tu casa una semana!".

209- "Papá, ¿puedo comerme un sándwich de mortadela antes de irme a la cama?" "¡hijo, pero a estas horas es demasiado pesado!" "¡Entonces tu sujetas el sándwich y yo lo muerdo!"

210- Una anciana, que se ve que va poco a los museos, le pregunta al guía: "Disculpe, ¿qué es esa estatuilla roja brillante?" "¡Señora, eso es el extintor!"

211- Un hombre sentado en los últimos asientos de un autobús se pone de pie y grita: "Todos los pasajeros del fondo son tontos, los del medio son estúpidos y los de delante son todos imbéciles". Una frenada brusca tira a todos al suelo, el conductor se levanta, un hombre de más de dos metros de altura y todo musculoso y dice: "¡A ver si eres capaz de repetir lo que has dicho!" "¿Y cómo lo hago? ¡con ese frenazo los has mezclado a todos!"

212- Un soldado le dice a su cabo: "Señor, no cabo en la trinchera". "No se dice 'cabo', se dice 'quepo', soldado". "Sí, mi quepo".

213- Mateo, un niño muy travieso, le pregunta a su papá: "Papá, papá, ¿qué me vas a regalar por mi cumpleaños?" "¡Te voy a llevar a la feria!" "Y el año que viene, ¿qué me vas a regalar?" "Pues vendré a recogerte".

214- "Mamá, mamá, ¿me llevas mañana al zoológico?" "Hijo, si alguien quiere verte, ¡que venga a casa!"

215- Un *carabinero* va a comprar una bandera y le pregunta al dependiente: "Disculpe, quisiera una bandera italiana, ¿cómo las tienen?" "Las tenemos en varios modelos:

verde, blanco y rojo". "Entonces enséñeme las rojas, por favor".

216- Una viejecita entra en un anticuario para comprar un mueble antiguo, la secretaria se acerca y le susurra al oído: "¡Señora, váyase, si el jefe la ve no la dejará irse!"

217- Un misterioso espejo embrujado, se come a todos aquellos que dicen mentiras, después de haber cobrado numerosas víctimas, toda la policía se apresura al lugar para probar su poder. Un guardia municipal entra, se acerca y dice: "¡Creo que somos esenciales para el tráfico!" El espejo "Ñaam", se lo come. Un policía entra y dice: "¡Creo que la fuerza policial es la más fuerte de todas!" El espejo "Ñaam", se lo come. Entra un guardia civil y dice: "Creo que..." El espejo, "Ñaam" se lo come.

218- "¿La que está caminando es tu hija?" "¡No, ese es mi hijo, es un niño!" "¡Lo siento, qué vergüenza, y encima voy y te lo pregunto a ti, a su papá!" "¡Yo soy su madre!"

219- Un hombre va al banco a pedir un préstamo, se presenta en el mostrador y el empleado lo envía inmediatamente al gerente. El hombre: "Director, necesito 5.000 euros para comprarle una moto a mi hijo" "Por supuesto, pero sabe que necesito garantías, ¿no?" "¡Por supuesto, señor director, le garantizo que mi hijo realmente necesita la moto!"

220- "Mamá, mamá, ¡las lentejas se están pegando!". "No te preocupes, hijo. Déjalas que se maten".

221- Un amigo le dice al otro: "Sabes Mario, todas las mañanas, muy puntual, a las 5, hago pis" "¡Bien! ¿Y de qué te quejas?" "El problema es que me despierto a las 7".

222- Un hombre va a comprar unas gafas, entra a la óptica y pregunta: "Disculpe, quiero unas gafas". El dependiente: "¿de sol?" "¡No, mejor de plástico, por favor!".

223- Una chica le dice a su novio: "¡Te dejo, eres demasiado tacaño, nunca había conocido a alguien tan tacaño como tú! ¡Toma, aquí tienes el collar que me diste!" "Está bien, pero ¿dónde está la caja?".

224- Un hombre muy avaro mata a su pobre esposa, su compañero de celda le pregunta: "¿Pero por qué mataste a tu esposa?" "Sabes, yo la amaba tanto, pero me habían regalado un montón de crisantemos, ¡tenía que usarlos!"

225- Un perro durante días intenta atrapar una ardilla, un día se esconde debajo del árbol y hace: "SQUIT – SQUIT – SQUIT" La ardilla pensando que era una ardilla hembra, baja del árbol y el perro la atrapa. El perro regresa a casa muy satisfecho y su pareja le pregunta: "¿Pero cómo lo hiciste? ¡nosotros no sabemos atrapar ardillas!" "¡Querido, en los tiempos que corren tenemos que saber hablar al menos dos idiomas!"

226- Carlos era tan feo, pero tan feo que su madre en vez de darle el pecho le daba la espalda.

227- Diálogo entre mosquitos: "Sabes, me he dado cuenta de que a los humanos les gustamos mucho". "¿Y por qué?" "¡Cada vez que nos ven, nos aplauden!"

228- Diálogo entre 2 ovejas: "BEEH – BEEH – BEEH" y la otra: "BLEM–BLUM-BLIM" "¡Vamos, no cambies de tema!"

229- El cerdo le dice al gallo: "¿Ves cuánto me respetan los humanos? me llenan de comida todos los días, mientras que tú comes solo sus sobras, me pesan y me cuidan a menudo ¡mientras que de ti se olvidan a menudo!" El gallo responde: "¡Querido, pero tú no eres el del año pasado!".

230- Pedro le dijo a su padre: "Papá, me ha picado una serpiente? Y el padre le preguntó: "¿Cobra?". "No, es gratis".

231- "¿Cariño, estás siguiendo la dieta?" "¡Por supuesto querido, pero aún no la he alcanzado!"

232- Un chico ha estado observando desde hace horas a un pescador que se mueve muy a menudo de un muelle a otro, por lo que se le acerca y le pregunta: "Señor pescador, ¿por qué cambia de lugar tan a menudo?" "¡Chico, porque si no, los peces me reconocen!"

233- ¿Cómo firma un albañil? Con un cincel.

234- Dos policías en el bar, uno le pregunta al otro: "¿Qué vas a pedir?" "Lo que pidas tú". "Camarero, tráiganos dos helados". El otro: "Para mí también, dos helados".

235- "Doctor quiero dejar de fumar" "¿Has probado con los parches de nicotina?" "¡Sí, doctor, pero no logro encenderlos!"

236- Una chica le dice a su novio: "Amor, dime la verdad, ¿preferirías una mujer rica, hermosa e inteligente?" "¡No amor, yo te prefiero a ti!"

237- Dos hombres que están buscando a sus respectivas esposas en el supermercado se encuentran, uno le pregunta al otro: "Hola, estoy buscando a mi esposa, ¿me ayudarías a encontrarla?" "Por supuesto, yo también estoy buscando la mía, pero dime, cómo es, descríbemela". "Ella es alta, hermosa, ojos azules, morena, minifalda y medias de red, ¡es un verdadero encanto para los ojos!" "¿Y la tuya?" "¡Mira, vamos a buscar a la tuya, que es mejor!"

238- En la clase de informática, el profesor le pregunta al alumno: "¿Por qué te pones la bufanda?" "Porque estoy abriendo Windows".

239- Dos amigos están hablando y uno le dice al otro: "Las mujeres desean una pareja que les haga reír y que las protejan". El otro responde: "¿Algo así como un payaso ninja?"

240- Un hombre va al supermercado y le pregunta al vendedor: "Disculpe, ¿me da un kilo de zumo?" "¡Pero señor, el zumo no se vende por kilos!" "Está bien, entonces deme un metro".

241- Un señor le dice a su esposa: "Querida, ven, hay que cambiar al bebé". "¿Por qué, querido? ¿ya no lo quieres?"

242- "Sabes, hoy me ha pasado algo un poco extraño. Encontré un sombrero en el suelo, con dinero dentro, y lo recogí". "¡Qué suerte! ¿Y qué tiene de extraño?" "Pues que un malabarista lleva siguiéndome todo el día".

243- Dos amigas se encuentran y una le dice a la otra: "Querida, ¿sabes cuál es la diferencia entre un esposo y un novio?" "No, ¿cuál?" "¡Al menos treinta kilos!

244- Al llegar a la parada, se rompe el motor del autobús, el conductor llama al mecánico y espera. Un señor se acerca, sube a bordo y se sienta convencido de que el autobús saldría pronto. Espera 5, 10, 30 minutos hasta que, harto, se dirige al conductor: "Pero bueno, ¿qué haces? ¡Flojo! ¿Quieres arrancar o no?" "Todavía no, estoy esperando que todos los tontos suban, pero no te preocupes, ¡el primero acaba de subir!"

245- "Me tienes harta Paco! Te pasas el día comiendo." "¿A qué te refieres croquetamente?"

246- La maestra le pregunta a Carlitos: "Carlitos, ¿cuál es tu talento?" "Maestra, puedo responder a todas las preguntas rápidamente". La maestra decide ponerlo a prueba y le pregunta: "Entonces, ¿cuánto es 32 x 45?" inmediatamente responde: "¡456, maestra!" "¡Pero no es correcto!" "¡Si, pero le respondí rápidamente!"

247- En un examen de inglés, la maestra pregunta a un alumno: "¿Cómo se dice COMPRENDER en inglés?" un compañero de la parte de atrás de la clase sugiere: "UNDERSTAND... UNDERSTAND". El alumno: "Maestra, se dice: UNDERSTAND" "Muy bien, ahora construya una oración con esa palabra". "Maestra, estoy buscando a mis amigos pero no sé UNDERSTAND".

248- Un niño haciendo las tareas le pregunta a su padre: "Papá, ¿cómo se escribe campana?" "Se escribe como suena, hijo". "¿Entonces escribo *tolón tolón*?"

249- Un hombre va a un restaurante, se sienta, abre el menú e intrigado por el bistec de caballo pide uno: "Disculpe, camarero, desearía un filete de caballo". El camarero después de 15 minutos le trae un buen filete humeante, el hombre lo prueba, pero está demasiado duro, llama al camarero y le dice: "Disculpe, ¿no me habrán dado la silla de montar?"

250- Los padres de un niño le dicen a los padres de otro: "¡Oiga, su hijo le sacó la lengua al mío!" "Bueno, eso son cosas de niños". "Sí, pero es que ¡no podemos parar la hemorragia!".

251- Un niño entra en una heladería y pregunta: "¿Qué sabores tienes?" El heladero, tosiendo, responde: "Tengo pistacho y avellana". El niño: "¿Tienes tos?" "¡No, solo pistacho y avellana!"

252- Pablo le entrega las notas a su mamá: "¿Otra mala nota en inglés hijo? ¡Tienes que mejorar y esforzarte más!" "Está bien mamá, pero ahora tengo hambre". "Dímelo en inglés..." *"I am bre"*.

253- Una mujer va a ver a un adivino para que le prediga el futuro, entra en la carpa, se sienta y el adivino dice: "Señora, veo una desgracia en su futuro... su marido morirá envenenado". "Adelante, prosiga ¿la policía me descubrirá?"

254- "Cariño, está lloviendo y sigues siendo tonto". "¿Qué?". "Pues   que me dijiste que con el tiempo cambiarías".

255- ¿Qué hace un helado cuando ve una chica guapa? ¡Se derrite!

256- Dos amigas hablan de sus dietas, una dice: "Sabes, ahora estoy siguiendo dos dietas diferentes" "¿¡Dos!? ¡Qué fuerza de voluntad!" "Sí, es que con una no me siento llena".

257- Un chico va a comprar un caballo: "Querría un caballo". El criador responde: "¿Para montar?" "No, si es posible, que esté ya hecho".

258- Marta va a un restaurante: "¡Camarero! Este filete tiene muchos nervios". "Normal señora, es que es la primera vez que se lo van a comer".

259- Una señora con mucha prisa entra en el supermercado, hace sus compras y se dirige a la caja sin mirar alrededor, llega delante de la caja y detrás se oye exclamar: "¡Señora tiene que hacer la cola!" "¡Pero el pelo suelo también me queda bien!"

260- "¿Cariño recuerdas hace 8 años? ¿Qué libres y felices éramos?" "¡Pero cariño, hace 8 años ni siquiera te conocía!" "¡Por eso!"

261- Una antigua receta culinaria típica de una ciudad de tacaños comienza así: "Pedir prestados 4 huevos y 500 gramos de harina..."

262- Hay dos amigos, uno le dice al otro: "Ayer tuve una pelea con mi esposa, una pelea muy fuerte, ella me dijo cosas de todos los colores". "¿Y qué te dijo?" "Al final, nada, es daltónica".

263- Carlitos le pregunta a su papá: "Papá, ¿cuánto cuesta casarse?" Su papá responde: "No tengo ni idea, hijo, ¡todavía no he terminado de pagar las consecuencias!"

264- "Amigo mío, he oído que te han arrestado, ¿qué ha pasado?" "¡Pues que estaba conduciendo demasiado despacio!" "¿Eso cómo va a ser? no te arrestan por conducir despacio". "Sí, si hubiese conducido rápido, ¡no me habrían atrapado!"

265- Carlitos le pregunta a un señor en la calle: "Señor, ¿usted es bizco?". "No, lo que pasa es que tengo un ojo tan bonito, que el otro se le queda mirando fijamente".

266- Dos amigos se encuentran, Mario le pregunta a Javier, un pescador empedernido: "Javier, ¿por qué no sales a pescar con tu barco hoy?" "Leí el periódico esta mañana y el horóscopo decía: 'Los Piscis hoy tendrán un día súper afortunado'".

267- Ramón le pregunta a un amigo: "Oye, ¿tú sabes por qué los franceses comen caracoles?" El amigo le contesta: "Si, porque no les gusta la comida rápida"

268- En un restaurante un cliente paga lo que acaba de comer con un billete de 5 dólares. "Disculpe, señor, pero son 20 dólares". "¡No, son 5 dólares! ¡Míralos bien!".

269- "Mamá, mamá que rica está la comida". "Puedes repetir, hijo". "Mamá, mamá que rica está la comida".

270- Dos amigos se encuentran y uno le dice al otro: "Mi hija tiene 4 años y ya sabe escribir su nombre". "Mi hija también, hasta lo escribe al revés". "¿Cómo se llama?" "Ana".

271- "Doctor, cuando bebo té me duele el ojo izquierdo, ¿por qué será?" "¿Ha intentado usted quitar la cuchara!"

272- "Amor, se acerca el Día de San Valentín, ¿qué me vas a regalar?" "Amor, ¿te acuerdas de esa casa verde en el fondo de la calle que tanto nos gusta?" "No me digas, ¿de verdad?" "¡Pues sí, te voy a regalar un vestido... de ese color!"

273- Un inglés muy rico está de viaje en Roma y un guía le lleva a visitar los monumentos más importantes. Llegan delante de San Pietro y el inglés, con aire arrogante dice: "Nosotros conseguiríamos construir una iglesia así en menos de 10 días." Llegan delante de la Fontana de Trevi y el inglés de nuevo: "Nosotros, en Inglaterra, podríamos construir una fuente más grande que ésta en menos de 5 días". Después llegan delante del Coliseo y el inglés pregunta: "¿Y esto qué es?" "Pues no sabría decirle, ¡ayer no estaba!".

274- "Hola Lucas, entonces, ¿cómo va la dieta?" "¡Mira este tatuaje en mi vientre!" "¡Qué gatito tan bonito!" "¡Pues antes era un tigre!"

275- Un atleta de lanzamiento de peso habla con un amigo suyo: "Francisco, ¿sabes una cosa? hoy voy a tener que esmerarme, mi suegra vendrá a la competición también". El amigo responde: "¡Será difícil pillarla, son más de 200 metros!"

276- Un nuevo prisionero llega a la cárcel y su compañero de celda le pregunta: "¿Por qué te detuvieron?" "Estaba en el festival del pueblo y todos arrojaban flores desde el balcón." "¿Y qué? eso no es un delito". "Lo sé, pero el nombre de mi esposa es Violeta".

277- Un cliente le dice al dueño del restaurante: "Este caldo de pollo no es comestible, ¿con qué lo hacen?" "Pues lo hacemos con el pollo muy joven". "¿O sea?" "Es el agua con la que cocemos los huevos".

278- Estalla una terrible guerra nuclear, solo sobreviven 2 personas, marido y mujer. Las reservas de alimentos son escasas y el marido dice: "¡Tengo mucha hambre!" Su esposa le da una manzana y él exclama: "¡Ay no! ¡Volvemos a empezar otra vez!"

279- Diálogo entre dos amigos: "Oye Don Juan, entonces, ¿cómo te fue ayer con esa chica que conociste?" "Me invitó a su casa y me dijo que no había nadie allí" "Y luego... ¡vamos, cuenta!" "¡Llegué a su casa y ella tampoco estaba allí!"

280- Entrenamiento del equipo de fútbol de la policía. El entrenador dice: "¡Vamos, calentad para el partido!" "Señor, sí, señor". Todos juntos toman el banquillo y lo queman, el entrenador enfurecido grita: "¿Qué estáis haciendo?" "¡Nos estamos calentando, señor!"

281- Sara va a la farmacia y le pregunta a la farmacéutica: "¿Tiene pastillas para adelgazar?" "Sí". "¿Me podría preparar un bocadillo de esas pastillas? ¡Para llevar, por favor!".

282- Un hombre le dice a su amigo: "Oye, tengo que hacer un examen de sangre y estoy muy preocupado". "¿Por qué?" "Porque no he estudiado".

283- La maestra le dice a un estudiante: "Hazme el resumen de la Primera Guerra Mundial". «BUUM... BOOM - TA - TA - TA... FIUMMM... SPAM - SBEM!»

284- "Doctor... ¡me voy a morir dentro de 59 segundos!" "¡Espere un minutito, por favor!"

285- Un divorciado le dice a su mejor amigo: "¿Sabes cuál es el postre más perjudicial para un hombre?" "No, ¿cuál?" "¡El pastel de bodas!"

286- Dos gorriones ven un cohete volando muy rápido, uno le dice al otro: "¡Mira esa cosa como va súper rápido!" "No me extraña, ya me gustaría verte a ti con el trasero en llamas".

287- "Lanzamiento de un nuevo coche súper tecnológico en el mercado". Deja un muerto y 10 heridos.

288- Un policía entra en un estanco y le pregunta al vendedor: "Disculpe, ¿tiene un sello de 1 euro?" "Sí, por supuesto". "¿Y cuánto cuesta?"

289- Un chico entra en el bar donde suele desayunar y dice: "¡Oye, me sé un chiste buenísimo sobre policías!" Un señor se levanta de una mesa, enfadado y le dice al chico: "¡Mira que yo soy policía!" "¡No se preocupe, a usted se lo explico luego!"

290- Dos amigos hablan de su dieta, uno dice: "Amigo mío, el mes pasado decidí volver a ponerme en forma, he dejado de comer carbohidratos, el vino y la cerveza ni mirarlos, he hecho ejercicio regularmente y he tirado todos los dulces y bebidas con gas". "¿Y cómo te ha ido?" "Nada, en un mes he perdido 30 días!"

291- "Hoy, mientras esperaba en el médico, he leído en una revista sobre el daño que la cerveza puede causar a nuestro cuerpo. Me he asustado muchísimo, así que he decidido no leer más revistas de esas".

292- Dos amigos se encuentran. Uno le dice al otro: "Amigo mío, hoy he hecho el examen de física cuántica, nunca había hecho algo tan difícil, creo que es lo más difícil del mundo". El amigo responde: "¡Qué va! encontrar el principio del rollo de cinta adhesiva, ieso sí que es difícil!"

293- Pedro, para el aniversario de bodas, decide regalarle a su esposa un abrigo de piel de visón. Dándose una vuelta por las tienda se da cuenta de que es muy caro, por lo que decide ir a América a cazarlo. Se va con su fiel amigo, capturan a uno, luego a 2, hasta que llegan a los 20 pero llega un momento en que el amigo le pregunta: "Creo que son suficientes, ¿no crees?" "¡No, hasta que no encuentre al que tiene el abrigo no paro!"

294- Un perro le pregunta a otro: "Disculpa, ¿me podrías decir qué hora es, por favor?", y el otro responde: "¡Guauu, un perro que habla!"

295- Un hombre camina por la calle y se encuentra con una hermosa mujer, inmediatamente se queda prendado por lo que decide acercarse a ella: "Señorita, usted es guapísima, ¿le gustaría salir conmigo esta noche?" La mujer: "¡Cómo te atreves, eres un marrano!" "¡No señorita, soy albañil!"

296- Un anciano que tenía el hábito de beber se presenta en la cita para la renovación de su carnet de conducir. El médico, después de los diversos exámenes de la vista y los reflejos, pregunta: "Entonces, dígame, ¿por casualidad bebe alcohol antes de conducir?" "No doctor, solo cerveza".

297- En una familia muy pobre, el marido le dice a su mujer: "Cariño, pásame los calcetines de billar". Su esposa: "¿Y cuáles son los calcetines de billar?" "Los que tienen seis agujeros".

298- Una mujer camina por la calle sin darse cuenta de que se le había salido un seno, un policía la detiene y le dice: "Señora, podría multarla si quisiera, ¡recompóngase!" La mujer: "¡Anda, se me ha olvidado el bebé en el tranvía!"

299- Pepe le dice a Mario: "Sabes Mario, en la sociedad donde trabajo están buscando un tesorero" "¿Pero no lo habían contratado ya la semana pasada?" "Sí, precisamente a ese están buscando".

300- La madre de Carlitos está hablando con una amiga y le dice: "Pues a mi hijo le gusta mucho bailar y cantar y de mayor quiere dedicarse a una de esas dos cosas, pero no sabe cuál elegir." A lo que la amiga le contesta: "Pues yo creo que debería dedicarse a bailar." "¿Por qué? ¿Tú has visto como baila?" "No, ¡¡pero le he oído cantar!!!".

301- Carta a Papá Noel: "Querido Papá Noel, este año me gustaría pedirte un trasero nuevo, este que tengo ya tiene un agujero".

302- "Doctor, mi hija ha tenido fiebre durante dos días". El médico: "¿Es alta?" "Doctor, pues más o menos 1 metro y medio".

303- Dos amigos se encuentran, uno le dice al otro: "¡Mi esposa ha destruido mi nuevo BMW, lo acababa de comprar!" "¿Pobre, se ha hecho daño?" "Por ahora no, se ha encerrado en su habitación".

304- Una nueva señora de la limpieza empieza a trabajar en un gran hotel. En su primer día de trabajo el supervisor le dice: "Señora, empiece con mi oficina y luego limpie el ascensor". La mujer: "¿Tengo que limpiarlo en cada piso?"

305- El cabo le dice al teniente: "Ayer estuve en el centro comercial con mi esposa y hubo un apagón de 4 horas". El teniente: "¿Y qué pasó?" "Mi esposa se quedó atrapada en el ascensor". "¿Y tú qué hiciste?" "Me quedé atrapado en las escaleras mecánicas".

306- Un policía quiere llevar a su familia de vacaciones a las Maldivas, por lo que decide preguntar y recopilar información sobre el viaje, llama a la compañía aérea y pregunta: "Hola, me gustaría saber cuánto dura el viaje a las Maldivas". El operador: "Un momento..." El policía: "Ah, pues muchas gracias, adiós".

307- Un hombre en una entrevista de trabajo pregunta: "¿Cuánto ganaría?" "Inicialmente 600 euros, luego incluso puede llegar a los 1200". "Vale, entonces paso luego".

308- "Agencia inmobiliaria vende bonito apartamento con vistas al futuro. Piso amueblado y luminoso de dos habitaciones a 2 pasos del cementerio".

309- Un novio muy celoso le pregunta a su novia: "Querida, ¿quién es este en la foto en el móvil?" "Pero querido, si eres tú". "Solo quería ver si estabas atenta".

310- Un hombre llama a la estación de policía: "¿Hola, es la policía?" "Sí, dígame, ¿en qué puedo ayudarle?" "Por favor, cuénteme un chiste". "Mire, no tenemos tiempo que perder, ¡el crimen nunca duerme!" "¡Ja, ja! Este ha sido bueno, gracias".

311- Un niño le pregunta a su mamá: "Mamá, pero si Adán y Eva hubieran sido chinos, ¿qué hubiera pasado?" "Seguramente no estaríamos aquí ahora, porque no habrían tocado la manzana y se habrían comido la serpiente".

312- Detenido hoy un fabricante de embutidos acusado de ser extorsionista, se entrevista a un habitante de la zona que declara: "Fui su cliente durante muchos años, no tenía ni idea de que fuese un fabricante de embutidos".

313- "Si tiene miedo de aumentar algunos kilos de más, no se preocupe, antes de comer, bébase una botella de vino, el alcohol hará que el miedo a aumentar de peso desaparezca".

314- Un hombre va a la frutería: "Querría un kilo de manzanas". "¿Quiere una bolsa?" "¡No, las voy a lanzar hasta mi casa!"

315- Un hombre regresa a casa y su mujer le dice: "Has salido hace 2 días a comprar leche, ¿dónde has estado?" "Anda... la leche, ¡vuelvo en 5 minutos!"

316- Una mujer es sorprendida robando un poco de fruta del supermercado, la arrestan y la llevan a los tribunales, el juez le pregunta: "Señora, ¿cuánta fruta ha robado?" "Sr. Juez, robé 7 peras". "Entonces la sentenciaré a 7 días de prisión". Su marido se pone de pie y exclama: "¡Sr. Juez, también robó un paquete de palillos de dientes!"

317- Una mujer entra en una tienda a comprar un par de botines, pasan horas y a su alrededor hay montañas de cajas, de repente exclama: "¡Estos, me gustan estos!" Llama al dueño que inmediatamente se apresura: "¡Pero señora, estos son los que traía puestos!"

318- "Mamá, mamá... ¿Puedo jugar con la abuela?" "Está bien, hijo, pero cuando termines no se te olvide volverla a enterrar ¿De acuerdo?"

319- "Mamá ¿qué tu sepas, los limones tienen piquito?" "No hijo mío". "Entonces creo que he exprimido a un pollito".

320- En el bosque, una ardilla está sentada en una rama con la intención de sacarle punta a un palo. Pasa la serpiente y le pregunta: "Ardilla, ¿qué estás haciendo?" "Le estoy sacando punta a este palo para matar al tigre". Pasa la pantera y le pregunta: "Ardilla, ¿qué estás haciendo?"

"Le estoy sacando punta a este palo para matar al tigre". El tigre pasa y le pregunta: "Ardilla, ¿qué estás haciendo?" "le estoy sacando punta a este palo y diciendo tonterías".

321- En una ciudad de tacaños, una maestra de primaria le pregunta a un alumno: "Luis, si tienes 100 euros y me das 30, ¿con cuántos euros te quedas?" "¡Con 100 euros, maestra!"

322- Dos mujeres se encuentran en el supermercado: "Hola querida, cuánto tiempo, he oído que tu hija ha vuelto de Estados Unidos, ¿cómo le ha ido? ¿ha traído alguna sorpresa?" "Sí, querida, la bautizaremos el mes que viene".

323- Un mendigo le dice a otro: "¿Tienes algo de pan para las palomas?" "Cómetelas sin pan, que saben mejor".

324- Un limón le pregunta a un plátano: "Buenos días, ¿hace mucho que espera?" "No, siempre he sido plátano".

325- "Amigo mío, estoy lleno de deudas y tengo siempre ansiedad". "Yo también, le he pedido prestado dinero a un matón y ahora duermo como un niño". "¿A qué te refieres?" "Me despierto todas las noches y lloro en la cama".

326- Mateo llega a casa después del colegio y le dice a su mamá: "Mamá, hoy me han reñido en el cole". "¿Qué has hecho esta vez?" "He dado cabezazos a la pared". "¿Ay pobre, y te has hecho daño?" "No mamá, no era mía la cabeza".

LOS 777 MEJORES CHISTES Y ADIVINANZAS PARA NIÑOS

327- La mamá le pregunta a su hijo: "¿Qué te ha pasado con Rafa, por qué ya no salís juntos? ¿Habéis discutido?" "Mamá, ¿tú saldrías con alguien que roba caramelos en la tienda, pincha los balones de los compañeros y tira del pelo a todas las niñas de la clase?" Mamá: "Cariño, pues claro... ¡que no!" "Pues por eso... ¡él tampoco!"

328- Dos amigos se encuentran, uno le pregunta al otro: "¿Qué sueles hacer el sábado por la noche?" "Por lo general, salgo y voy a los bares a beber". "¿Y luego?" "Eh... y luego es lunes o martes, depende de lo que beba".

329- Dos palillos de dientes caminan por la calle, de repente pasa un erizo y los palillos de dientes exclaman: "Jo... ¡hemos perdido el autobús!"

330- Dos amigos se encuentran y uno de ellos decide hacerle una adivinanza al otro: "Entonces... en invierno te calienta, es muy pesado, puedes apoyarte en él, está hecho de hierro fundido y en verano lo pones en el techo, ¿qué es?" El amigo lo piensa por un momento y responde: "¡No lo sé!" "¡Pues el radiador, por supuesto!" "Pero, ¿tú pones el radiador en el techo en verano?" "¡¿A ti qué te importa dónde pongo mi radiador en verano?!"

331- "Cariño, te acabo de decir que llegaré en 2 minutos, tengo que terminar de prepararme y pintarme los labios, ¿por qué me llamas cada hora?"

332- Dos turistas estadounidenses llegan frente al Coliseo de Roma, uno de ellos dice: "Esta construcción es

~ 63 ~

fantástica, increíble, ¿cómo se quedará cuando esté terminada?"

333- Marido y mujer discuten y él dice: "¡Hablas demasiado, hoy leí en una revista que las mujeres todos los días, pronuncian al menos 50 mil palabras y nosotros los hombres solo 20 mil!" Su mujer: "¡Pues claro, siempre tengo que repetir las cosas para que las entiendas!" "¿Cómo?"

334- "Querido, ¿sabes que el marido de mi hermana, cada vez que sale de casa, le da un beso en la mejilla? En cambio tú no lo haces nunca". "¡Pero querida, yo no quiero besar a tu hermana!"

335- "¡Mateo, estás castigado!" "¡Pero mamá! ¿Puedo ver la televisión?" "¡Sí, pero sin encenderla!"

336- Dos amigos por teléfono, uno dice: "Sabes que ayer salí del bar después de beber una botella de vino, iba andando y vi una valla publicitaria que decía 'PUEDES DAR MÁS'". "¡Muy bien, me alegro de que hayas dejado el vino!" "¡No, volví y me bebí otra!"

337- La maestra le pregunta a uno de sus alumnos: "¿Tu mamá te ayuda a hacer las tareas?" "No maestra, después del último suspenso se siente desmoralizada".

338- Es el primer día de colegio para Antonio, se le acerca uno de los de sexto de primaria que le dice: "Hola chico, no estés tenso, los primeros 4 años son duros luego llegarás a segundo y todo será más fácil".

339- "Hoy he leído en una revista que 15 cm de grasa pueden detener una bala o una flecha, ¿lo sabías?" "¡Cariño, entonces estás blindada!"

340- Diálogo entre holgazanes, uno dice: "Sabes... los tiempos son difíciles, ya no puedo llegar a fin de mes solo con la pensión de mi abuela". El otro: "¡Pues mándala a trabajar!"

341- Entre el paciente y el médico: "Doctor, ¿es cierto que uno de sus estudiantes en prácticas me operará?" "¡Por supuesto, es el mejor!" "¿Y qué pasa si se equivoca en la operación?" "¡Lo suspendo y le hago repetir el curso!"

342- Dos amigos hablan de sus mujeres, uno dice: "Mi mujer ha empezado una nueva dieta, pero no consigue perder peso, las ha probado todas". El otro: "La mía en cambio logró perder 20 kilos en un mes con una dieta creada por mí personalmente". "¡Anda! Debe ser milagrosa, ¿cómo lo has hecho?" "Nada en especial, le he dado la vuelta al frigorífico con la puerta hacia la pared".

343- Una niña le pregunta a su padre: "Papá, ¿por qué pueden volar los globos?" "Hija, porque hay gas dentro". "Entonces, ¿por qué el abuelo no vuela? ¡se tira muchos pedos!"

344- Un reportero del periódico nacional entrevista a un granjero y le pregunta: "Si tuviera que elegir, ¿qué animal tendría en su casa?" "La oveja". "Y para el mal olor, ¿qué solución tiene?" "Ninguno, ya se acostumbrará".

345- "Doctor, doctor, mi hijo ingirió 2 euros, ¡estoy muy preocupada!" "Tranquila señora, piense que los políticos se comen millones y a pesar de eso, ¡viven muy bien!"

346- Un hombre entra en una tienda militar y pregunta: "Hola, ¿tienen chaquetas de camuflaje?" "Sí, pero no logramos encontrarlas".

347- "Papá, ¿por qué todos los chinos nos parecemos?" "¡Niño, mira que tu padre es el que está detrás de ti!"

348- Dos fantasmas: "¿Tú crees en los hombres?" "Qué va, son todas mentiras".

349- La maestra le pregunta a Carlitos: "Entonces, en la frase *Marcos es atropellado por un automóvil*, ¿dónde está el sujeto?" "En el suelo debajo del coche, maestra".

350- Juan está con su novia y le dice: "Loli, cada vez que te veo me olvido de todo". "¡Pero si soy Francisca!" "¿Ves? ¡Es lo que te decía!"

351- Juan le dice a Jesús: "¿Sabes?, estoy cansado de que todos hablen a mis espaldas" Jesús le contesta "Pero, hombre, si eres taxista..." Juan: "¡Ah! Pues es verdad".

352- La madre de Lucas vuelve a casa, encuentra la cocina desordenada y ve en la mesa un plato con plumas de escribir recubiertas de salsa de tomate. Furiosa, le dice a Lucas: "¿Pero qué has hecho? ¡Mira la que has liado!" "¡Mamá, te he preparado plumas con tomate!"

353- Un señor va caminando por la calle y le pregunta a otro: "Disculpe, ¿me puede decir dónde está la acera de enfrente?" "Sí claro. Es aquella de allí". "¡No puede ser! Pero si vengo de allí y me dijeron que es ésta".

354- La maestra le dice a su alumno: "González, si sigue así va a suspender". "Pero, ¿por qué? si yo no he hecho nada". "Pues por eso mismo".

355- Dos amigos se encuentran en el bar: "Hola Pepe, ¿cómo estás? ¿Pudiste encontrar un trabajo?" "En realidad no". "¿Cuál sería el trabajo de tus sueños?" "En realidad en mis sueños... no trabajo".

356- Una maestra a su alumno: "Tendrías que haber estado aquí a las ocho de la mañana en punto". "¿Por qué, maestra? ¿Qué ha pasado?"

357- Un niño pequeño le dice a su padre: "Papá, he sacado diez en el examen de matemáticas, me prometiste que si sacaba un 10 me ibas a llevar a la montaña rusa". "Por supuesto querido, compro el billete de avión ahora mismo". "¿Por qué, tan lejos están?" "¡Vamos a Rusia, a la montaña!"

358- ¿Cuál es la fruta que más se ríe? La Naranja ja ja ja ja.

359- Antonio y Pedro van por la calle y Antonio le pregunta a Pedro: "Oye ¿qué hora es?" Pedro: "Son las cuatro". Antonio: "Ufff, qué tarde". Pedro: "Pues haberme preguntado antes".

360- Una foca le dice a otra foca: "No te estoy mirando, te estoy enFOCAndo.

361- Una madre le dice a su hija: "Muy bien, hija, vas mejorando, hoy has estado sólo 20 minutos hablando por teléfono. ¿Quién era?" "No sé, se habían equivocado".

362- La tierra le dice a la luna: "Sabes, algunos piensan que soy plana". La luna: "Increíble ¿y qué piensas hacer?" "¡Me voy a poner un sujetador con relleno!"

363- Una mujer conduce un hermoso Ferrari y la paran en un puesto de control. El policía le dice: "Señora, ¿por qué no lleva cinturón?" "¡Señor policía, porque estoy en chándal!"

364- Una niña le dice a un niño: "¡Sabes, sin gafas no estás tan mal!" "¡Pero si yo no uso gafas!" "Tú no, pero yo sí".

365- Un hombre en el médico: "¿Qué problema tiene en los ojos?" "¡Doctor, llevo un año sin ver un euro!"

366- Una mujer va a una entrevista de trabajo en RENFE. Entra, se sienta y el examinador le dice: "¡Señorita, lleva dos horas de retraso! Está contratada."

367- Tres niñas se conocen y se presentan: "Yo soy Violeta, pero podéis llamarme Violi". "Yo soy Josefa, pero podéis llamarme Jose". "¡Yo soy Penélope y no me gustan los apodos!"

368- Dos niños se pelean, uno le dice al otro: "¡Cuando seas grande no serás capaz de hacer nada!" "¡No es cierto, seré un gran cirujano!" "¡Pues nunca me dejaré operar por ti!" "¡Claro! ¿acaso he dicho... veterinario?"

369- Entre marido y mujer: "¿Qué hay amor?" "Pues ya sabes... nada... No sé... es un período en el que estoy cansada y desmotivada". "No, ¿que qué hay para cenar?"

370- Dos amigos: "Mario, ¿por qué te has traído el ordenador al tejado?" "Mi padre me dijo que mientras viviera bajo su propio techo, no podía jugar a videojuegos".

371- Un hombre va a la farmacia y le dice a la farmacéutica: "Hola, quisiera algunas vitaminas para los niños". "Por supuesto, ¿cuáles quiere, A, B o C?" "No importa, aún no saben leer".

372- Una niña está en el parque con su abuelo, de repente la niña pregunta: "Abuelo, ¿me das 10 euros?" Abuelo: "¿Qué quieres que hacer?" "¡Hay alguien que grita desesperadamente!" "Qué buen corazón tienes, aquí tienes los 10 euros, ¿qué está gritando ese hombre?" "Patatas fritas, dulces, helados..."

373- Un sacerdote durante el sermón en la iglesia dice: "No tengáis miedo, id y descubrid el mundo, como dijo el Altísimo, encontraréis la felicidad en todos los rincones del mundo". Desde los primeros bancos se levanta una voz: "Disculpe, pero el mundo es redondo... ¿dónde encontramos los rincones?"

374- Una mujer desesperada se dirige al sacerdote y le dice: "Padre... ¡Estoy buscando el camino correcto!" "Mire señora, acabo de mudarme y no conozco bien la zona".

375- En la radio, en un programa de citas a ciegas? llama un hombre y dice: "¡Me gustaría conocer a una mujer arrolladora" Una mujer responde al anuncio: "¡Ahora mismo estoy en el coche, si estás en la carretera y me dices dónde estás yo me encargo"

376- Llueve mucho, un hombre ve acercarse un coche en el horizonte, sin pensárselo dos veces, abre la puerta y sube a bordo, se gira hacia el lado del conductor y ve que no hay nadie. Asombrado, se arroja del coche en plena marcha, corre, corre y corre hasta llegar a un pequeño pueblo. Ve un bar, entra y le dice al camarero gritando: "¡Me ha pasado algo increíble, he visto un fantasma!" Después de contar toda la historia en voz alta, un hombre, también empapado por la lluvia, le dice a su amigo: "¡Ese es el imbécil que se subió al coche mientras lo empujábamos hasta el mecánico!"

377- Una mascarilla quirúrgica le dice al papel higiénico: "No puedo soportarlo más, todo el día delante de sus narices y bocas, ¡sabes, algunos no se cepillan los dientes durante días!" El papel higiénico: "¿Hacemos cambio?"

CAPÍTULO 3:
CHISTES SOBRE UN NIÑO MUY TRAVIESO

1. En el colegio, la maestra pregunta: "Jaimito, ¿qué pasó en 1492?" Y Jaimito contesta: "Yo que sé, maestra, ¡todavía no había nacido!".

2. La maestra le pregunta a Jaimito: "Jaimito, ¿en qué estado está el río Mississippi?" y Jaimito responde: "¡Líquido, señora maestra!"

3. Carlitos le dice a Jaimito: "Jaimito, tienes 12 años ¿verdad?" "Sí, Carlitos, ¿Cómo lo sabes?" "Mi hermano tiene 6 años y es medio tonto".

4. Jaimito le dice a su mamá: "Mamá, mamá, en la escuela dicen que estoy loco". "¿Quién te dice eso?"... "Me lo dicen las sillas".

5. La maestra le toma examen oral a Jaimito y le pregunta: "Jaimito yo estudié, tú estudiaste y él estudió, ¿qué tiempo es?" "Maestra, tiempo perdido".

6. La tía desesperada le pregunta a Jaimito: "Jaimito, en tu opinión, ¿existe el hombre de mis sueños?" y el bromista Jaimito: "Por supuesto tía, solo tienes que dormir más".

7. La maestra pregunta: "Jaimito, ¿qué debo hacer para repartir 12 patatas para 6 personas?" "Puré de patatas, maestra".

8. Jaimito regresa de la escuela y con una sonrisa en su rostro dice: "Mamá, escúchame, tengo dos noticias para ti, una buena y una mala". "Querido, por supuesto, quiero saber la buena primero". "De acuerdo, hoy saqué buena nota en el examen". "Muy bien ¿y la mala?" "La mala es que... ¡es mentira!"

9. Jaimito va al dentista. El dentista le pregunta: "¿En qué lado comes mejor?" "En el restaurante de la esquina".

10. La maestra a Jaimito: "Jaimito dime dos pronombres". "¿Quién? ¿Yo?"

11. Jaimito va al mercado con su tía; en el camino, Jaimito nota una moneda en el suelo y quiere recogerla, pero su tía lo detiene de inmediato: "¡Jaimito no querrás recogerla! Las cosas del suelo no se cogen". Después de ir de compras, dirigiéndose a casa, la tía tropieza y cae al suelo y dice: "¡Jaimito, ayúdame!" "No tía, las cosas del suelo no se cogen".

12. "¡Mamá, hay pelos en la sopa!" "¡Claro Jaimito, está hecha con tallos de remolacha!"

13. La maestra le pregunta a Jaimito: "Entonces Jaimito, tienes 40 euros en tu camisa y 60 euros en tus jeans, ¿cuánto tienes en total?" "¡Seguramente la ropa no es mía, maestra!"

14. "Papá, ayer estaba jugando a las cartas y tenía una escalera real de color ¿tú qué habrías apostado?", dice Jaimito. El padre responde: "Pues me habría apostado el coche". "Pues..., ve comprando otro".

15. La madre de Jaimito le pregunta: "Hijo, por qué pones las peras en el balcón? "Porque hace un frío que pela".

16. Jaimito le pregunta a la profesora: "¿Qué significa 'I don't know'?" La profesora le responde: "No lo sé". Jaimito: "Entonces le pregunto a otra persona".

17. Jaimito llama a un tatuador por teléfono y le dice: "Buenos días, me gustaría hacerme un tatuaje, ¿duele mucho?" "¡Depende de la zona!" "Yo soy de la provincia Huelva".

18. "Jaimito, ¿qué me puedes decir sobre la muerte de Galileo Galilei?" "¡Que lo siento mucho!"

19. Jaimito regresa sonriendo de la escuela. El padre le pregunta por qué está tan sonriente y él responde: "Papá hoy fui el único que respondió a una pregunta del maestro". "¡Bien! ¿Qué pregunta era?" "¿Quién ha sido el que ha puesto pegamento en mi silla?"

20. Jaimito le dice a su compañero de clase al final del examen de matemáticas: "Entonces, ¿has resuelto los problemas?" "¡No! No he escrito absolutamente nada". "¡Anda, hemos hecho dos exámenes idénticos!"

21. Entra un nuevo maestro a la clase y se presenta: "Buenos días, mi nombre es Largo". Y Jaimito dice: "No importa, tenemos tiempo".

22. La maestra le dice a Jaimito: "Jaimito conjuga el verbo *Andar*". "Yo ando..., tu andas..., él anda...". La maestra, impaciente: "¡Más deprisa Jaimito!" "Yo corro, tu corres, el corre...".

23. Jaimito dice: "Papá, papá, ¿los pedos pesan?" "No, hijo mío". "Entonces creo que me he hecho caca encima".

24. Jaimito llega al estadio y lo para un vigilante que le pregunta: "Oye niño, ¿estás acompañado por un adulto?" "No, pero tengo el bono de mi hermano". "¿Y dónde está tu hermano?" "En el coche buscándolo".

25. Jaimito le dice a su mejor amigo: "Sabes Matías, me gustaría tener 100 millones, como mi padre". "¡Guau! ¿Tu padre tiene 100 millones?" "¡No! A él también le gustaría tenerlos".

26. La maestra le pregunta a Jaimito: "Si pongo en mi mochila 5 libros de español, 4 de matemáticas y 2 de historia, ¿cuántos

libros tengo en total?" "Suficientes para arruinar mis vacaciones".

27. La maestra le pregunta a Jaimito: "¿Qué 3 libros te llevarías a una isla desierta?" "¡¿TENGO QUE LEER 3 LIBROS?!"

28. "Mamá, ¿qué me darías si tuviera un 8 en geometría?" "Te daría 8 euros". "Bueno, pues entonces dame 4 euros, la maestra me puso 4".

29. "Jaimito, prepárate que nos vamos a la peluquería." "No, no quiero ir. Me da miedo". "¿Por qué te va a dar miedo ir a la peluquería?" "Porque dicen que te echan una crema que te quita 10 años y yo solo tengo 9".

30. La maestra le pregunta a Jaimito "Dime el nombre de un mamífero". "Un perro". "¡Bravo Jaimito! Ahora dime el nombre de otro mamífero". Jaimito responde: "Otro perro".

31. Jaimito no quiere irse a dormir y su abuela le dice: "¡Jaimito, ya no aguanto más! Vete a la cama". Jaimito responde: "Pero si no puedes aguantar más, por qué no te vas tú a la cama!"

32. Jaimito por su cumpleaños recibe una pecera. Al día siguiente el padre le dice: "¿Has cambiado el agua de los peces?" Jaimito responde: "No papá, aún no han terminado de beber la de ayer".

33. La maestra les dice a los estudiantes: «Escriban un ensayo sobre el tema "Si yo fuera multimillonario".» Todos los alumnos comienzan a escribir, todos excepto Jaimito que le da la tarea en blanco a la maestra, la cual le pregunta a Jaimito: "¿Por qué no escribiste nada?" "Maestra, es lo que yo haría si fuera multimillonario".

34. La profesora expone un problema en el aula: "Hay 20 trabajadores que tienen que subir al autobús, cada autobús puede llevar 5 personas. ¿Cuántos autobuses se necesitarán?" Jaimito responde de inmediato: "Cuatro". La profesora vuelve a preguntar: "¿Y si hubiera 26 trabajadores?" "Irían apretados, maestra".

35. La abuela le dice a Jaimito: "¡Jaimito, date prisa! ¿Cuánto tiempo tardas en comerte la merienda?" "Abuelita, no hay prisa, aquí dice 'Antes de julio 2022'".

36. La maestra le pregunta a Jaimito: "¿Puedes decirme 3 animales cubiertos de pelo?" "El perro, el oso y el autobús". La maestra: "¿Qué tiene que ver el autobús con eso?" "Mi mamá siempre dice que coge el autobús por un pelo".

37. La abuelita le dice a Jaimito: "¿Te gustó la hucha en forma de moto que te regalé?" "Sí, abuelita, pero se te ha olvidado echarle gasolina".

38. El maestro en clase dice: "Construyan una oración con el adverbio *claramente*". Marcos escribe: "Vi a mi padre corriendo, claramente llegaba tarde". Jaimito: "Mi padre fue al baño con una revista". El maestro: "¿Y dónde estaría el adverbio en esta oración?" "Claramente, el papel higiénico se había terminado".

39. Jaimito le dice a un amigo suyo: "Matías, una vez mi padre, que trabajaba en el circo, entró en la jaula donde había 5 tigres voraces". "¿En serio? habrá recibido muchos aplausos del público después de salir". "¿Y quién te ha dicho que salió?"

40. La maestra les dice a sus alumnos que escriban una redacción titulada "Una noche en casa de la abuela". Jaimito: "La abuela no querría estar en casa".

41. Jaimito en la escuela le dice a la maestra: "Mire cuánta lluvia está cayendo". La maestra responde: "¡Se dice que llueve Jaimito, llueve!" Al día siguiente, una vez más Jaimito le dice a la maestra: "¡Maestra, mire cuánto "llueve" está cayendo!"

42. Jaimito y su mejor amigo están jugando con el monopatín en una cuesta. El papá: "Jaimito, te recomiendo que lo uséis por turnos, para que los dos os divirtáis". Jaimito: "Sí, papá, ya lo estamos haciendo, yo lo uso en la bajada y Matías en la subida".

43. La mamá de Jaimito: "¡Deja de tocar la flauta o me volveré loca!" "Mamá, he terminado hace una hora".

44. Durante la lección el maestro le pregunta a Jaimito: "Dime un ejemplo de un mamífero sin dientes" "Sí, maestro... ¡mi abuelo!"

45. Un amiguito le dice a Jaimito: "¿Sabes Jaimito, que mi hermanito de 11 meses caminaba ya desde los 2 meses?" "¿Y hasta dónde habrá llegado?"

46. "Jaimito, ¡sabes que en clase no se puede dormir!" "Ya lo sé, maestro, no para usted de hablar".

47. La mamá le dice a Jaimito: "¿Es posible que siempre crees problemas? ¡No puedes hacer pipí en la piscina!" "¡Pero mamá! ¡Todos lo han hecho!" "Vale... ¡pero no desde el trampolín!"

48. Un aventurero se pierde en la montaña. Después de haber caminado durante horas en medio de la nada, a lo lejos ve una pequeña casita. Corre hacia ella y llama a la puerta. Responde un niño, Jaimito, que dice: "¿Quién es?" "Soy un explorador que se ha perdido, ¿está tu papá?" "No, salió antes de que llegara mamá". "Entonces, ¿tu mamá está ahí contigo?" "No, ella salió antes de que llegara yo". "Perdona, pero ¿no vivís juntos?" "Aquí no, esto es el water".

49. Durante la lección de historia, la maestra le pregunta a Jaimito: "¿En qué se convirtió Cristóbal Colón cuando murió su padre?" "En huérfano, maestra".

50. El papá, molesto, le dice a Jaimito: "¡Tu educación me está costando una fortuna, a este ritmo me quedaré sin dinero!" "¡Pero papá, yo intento estudiar lo menos posible!"

51. Jaimito le pregunta a su mamá: "¿Dónde están mis zapatos?" "Los tiré, eran demasiado viejos. Voy a salir a hacer la compra, cuida a la abuela". La mamá regresa y le pregunta a Jaimito: "¿Dónde está la abuela?" "La he tirado, era demasiada vieja".

52. Jaimito le pregunta a su papá: "¿Es cierto que cuando morimos nos convertimos en polvo?" "Sí, Jaimito, es cierto". "Entonces deben de haber muerto varias personas en el trastero".

53. El maestro de geografía, después de corregir los exámenes, habla con la maestra de la siguiente hora y le dice: "Jaimito ha copiado de su compañero". La maestra: "¿Estás seguro?" "¡Por supuesto!", exclama el maestro. "Una pregunta decía:

'¿Dónde está Estados Unidos?', su compañero respondió "No lo sé" y Jaimito: "Yo tampoco".

54. Jaimito: "Hoy saqué 13". El padre: "Muy bien, Jaimito, ¿cómo lo has hecho?" «6 en historia, 3 en matemáticas y 4 en ciencias».

55. La madre le dice a Jaimito: "Jaimito, me voy a hacer la compra, fíjate cuando hierva la leche". Cuando vuelve la madre se encuentra la cocina llena de nata de la leche. "¿Pero no te dije que te fijaras cuando hirviera la leche?" "Sí, y ha sido a las 11,25 exactamente."

56. Jaimito le dice a su compañero de clase: "¿Sabes que para mantenerte joven tienes que practicar actividad física? Mi abuelo desde los 55 años recorre 3 kilómetros todos los días, ahora tiene 84 y no sé hasta dónde habrá llegado".

57. El papá le pregunta a Jaimito: "La jaula del loro está abierta, ¿dónde está? ¿sabes algo?" "Papá no lo sé, pero el perro me estaba hablando hace un rato".

58. "Jaimito, ¿cómo se dice perro en inglés?" "Dog, maestra" "Muy bien, ¿y cómo se dice veterinario?" "¡Dogtor!"

59. Jaimito regresa a casa y le dice a su mamá: "Hoy vi a dos locos mientras volvía del colegio". "¿Cómo sabes que eran locos?" "Uno tiraba billetes de 50 euros". "¿Y el otro?", preguntó su mamá, "los recogía y se los devolvía".

60. La maestra le dice a Jaimito: "¿Has encontrado el área?" "No maestra, se me ha olvidado en casa".

61. "Dime Jaimito, ¿de dónde son los Mayas? y Jaimito contesta: "Pues de Mayami, maestra"

62. La maestra le dice a Jaimito: "A ver Jaimito, dime una palabra que tenga 5 *íes*". Y Jaimito le responde: "Pero maestra, eso es dificilísimo". "Muy bien Jaimito, muy bien".

63. Mateo le dice a Jaimito: "Mi padre es muy fuerte, logra levantar dos cubos llenos de piedras". Carlitos en cambio dice: "Mi padre es aún más fuerte, puede cargar un tronco de roble sobre sus hombros". Jaimito, orgulloso y con un aire superior dice: "Mi padre les gana a todos, logra detener 10 coches con una mano". Los compañeros de Jaimito asombrados dicen: "¡Pero entonces él es realmente el más fuerte de todos!" "Por supuesto, es un policía de tráfico."

64. "Maestra, ¿puede castigarme por haber tenido un olvido?", pregunta Jaimito. "¡Por supuesto que no Jaimito!" "Menos mal, porque se me han olvidado las tareas".

65. Después del primer día de clase de Jaimito, su mamá le pregunta: "¿Qué has aprendido hoy, Jaimito?" "Por lo visto no lo suficiente mamá, porque tengo que volver mañana".

66. Jaimito regresa a casa todo magullado. La mamá: "Jaimito, pero ¿qué te ha pasado?" "Me ha atropellado un coche". "¿Y te ha dejado así?" "No, justo después de eso choqué con una motocicleta". "¿Entonces es culpa de la motocicleta si estás tan magullado?" "No mamá, inmediatamente después se me vino encima una nave espacial". "¡Jaimito, me estás tomando el pelo!" "¡No, mamá, te aseguro que si no hubieran parado el tiovivo ahora estaría muerto!"

67. Jaimito va a una cita con el psicólogo: "Doctor, doctor, siento que soy un perro". "¿Desde cuándo te pasa eso, Jaimito?" "Desde cachorro, doctor".

68. Jaimito, ¡deja de girar sobre ti mismo! ¡Jaimito deja de girar sobre ti mismo inmediatamente. "Para ya o te ato también el otro pie!" dijo la mamá.

69. La maestra le pregunta a Jaimito: "¿Dónde se firmó la Constitución Española?" "En la última página, maestra".

70. El maestro le dice a Jaimito: "Dime los nombres de algunos hongos que se puedan comer" "Todos los hongos se puede comer, maestro, pero algunos los puedes comer solo una vez".

71. La maestra le pregunta a Jaimito: "Encuéntrame la circunferencia de este círculo". Jaimito comienza a mirar a su alrededor, mira en la carpeta, debajo de la silla y al final exclama: "Maestra, no encuentro la circunferencia, ¡a lo mejor la ha tirado el conserje!"

72. Jaimito, ¿qué haces delante del ordenador con los ojos cerrados?" "Nada mamá, es que Windows me dijo que cerrara las pestañas".

73. La maestra dice a los alumnos: "Para mañana tenéis que hacer un dibujo". Al día siguiente, Jaimito llega a la escuela y entrega una hoja completamente en blanco. La maestra: "¡Pero esto es una hoja en blanco!" "No maestra, he dibujado a un buey en medio de un prado". "¿Me estás tomando el pelo?" "No maestra, el buey se comió toda la hierba y luego se fue".

74. El doctor le dice a Jaimito: "Enséñame la lengua" "¡No doctor!" "¿Y por qué?" "Porque se la enseñé a la maestra y ella me castigó".

75. En enero, la mamá le pregunta a Mateo: "¿Por qué aún no has traído las notas a casa? Siempre eres el primero en la clase, ¿no habrás sacado una mala nota?" "No mamá, se la di a Jaimito para que le gastara una broma a sus padres".

76. En clase, a la maestra se le cae el vestido, y toda la clase se queda mirando. Así que la maestra enfadada llama a los estudiantes uno por uno: "Mateo, ¿tú qué has mirado?" "Yo, el brazo y la pierna". "Ahora llamo a tus padres y estás expulsado durante siete días, y tú Carlitos, ¿qué viste?" "Señora maestra, vi un pie y la espalda". "¡A casa también! Expulsado durante 20 días, Jaimito ahora te toca a ti, ¿qué has visto?" "Maestra, nos vemos el año que viene".

77. Jaimito para a una señora que camina por la calle: "Señora, ¿me ayudaría a abrir la puerta, por favor?" "Por supuesto hijo, te enseñaré cómo se hace, para que mañana puedas hacerlo tú mismo". "Muchas gracias señora, pero para mañana la pintura ya se habrá secado".

78. La mamá le grita a Jaimito: "¡Vamos, levántate, llegarás tarde a la escuela!" "Mamá, no quiero ir a la escuela hoy". "¡Vamos, date prisa! Sabes muy bien que tienes 40 años y eres el conserje".

79. El papá le dice a Jaimito: "Ve al carnicero y mira si tiene patas de cerdo". Jaimito regresa con las manos vacías y su padre le pregunta: "Pero Jaimito, ¿no tenía?" "Papá no lo sé, no las pude ver, tenía pantalones largos".

80. La mamá regaña a Jaimito diciendo: "¡Te comiste todos los bombones cuando te dije que ni siquiera los miraras!" "Pero mamá, si me los he comido con los ojos cerrados".

81. Jaimito le dice a su mamá: "¿Sabes lo que me gustaría regalarte por tu cumpleaños? un bonito plato de cerámica". "Jaimito, ya tengo un plato de cerámica". "No mamá, se me acaba de caer y se ha roto".

82. La maestra durante la clase de historia le pregunta a Jaimito: "Dime cuándo murió Thomas Edison". "¿Está muerto? pobre hombre, lo siento mucho, no sabía que estaba enfermo!"

83. La maestra le pregunta a Jaimito: "¿Sabes lo que es un caníbal?" "No, maestra". "Entonces, si te comieras a tu hermano y hermana cuando tienes hambre, ¿en qué te convertirías?" "En hijo único, maestra".

84. Jaimito le pregunta a su papá: "Papá, ¿es verdad que en algunos países de África un hombre no conoce a su mujer hasta que se casa?" "¡Eso pasa en todos lados, Jaimito!"

85. La tía de Jaimito lo espera a la salida del colegio, Jaimito sale y dice: "Tía, hoy nos dan las notas". "¿Ah, sí? ¿y cómo vas?" "Pues en autobús , como siempre".

86. Jaimito sale de casa para ir a la escuela, su mamá lo saluda desde la ventana y le dice: "Ve tranquilo Jaimito, Jesús te acompaña". Después de una hora, la mamá sale al balcón para colgar la ropa y ve a Jaimito todavía debajo de la casa y dice: "¡Jaimito, ¿todavía estás aquí?!" "Estoy esperando que Jesús me acompañe a la escuela".

87. El maestro le pregunta a Jaimito: "¿Cuánto es 20 + 30?" Jaimito lo piensa y después de media hora le pregunta al maestro: "Maestro, ¿cuánto es 20 + 30?" "50 Jaimito". "Entonces, si ya lo sabía, ¿por qué me lo ha preguntado?"

88. La maestra le pregunta a Jaimito: "¿En qué batalla murió el general Cantore?", Jaimito responde: "En la última, maestra".

89. El Maestro le pregunta a Jaimito: "Qué se terminó en el 1976" "Lo sé, lo sé... ¡1975!"

90. La maestra: "Muchachos... hoy haré una pregunta, le toca... le toca a... ¡Jaimito! Entonces querido, Carlitos tiene 40 caramelos y se come 35, tiene 8 rebanadas de pastel y se come siete. ¿Qué tiene Carlitos ahora?" "Diabetes, maestra".

91. Jaimito le pregunta a su papá: "Papá, papá, ¿dónde está Filadelfia?". "En el frigorífico, hijo".

92. El profesor de ciencias le dice a Jaimito: "Dime 10 animales africanos". "6 elefantes y 4 cebras".

93. Un automovilista le pregunta a Jaimito: "Oye, ¿sabes cómo puedo llegar al hospital?" "A la siguiente curva vaya recto".

94. La maestra le dice a la clase: "Niños, mañana traed todo lo necesario para hacer el examen de lengua". Jaimito inmediatamente levanta la mano y dice: "Maestra, ¿puedo traer a mi mamá?"

95. La maestra le pregunta a Jaimito: "Si tienes un euro en tus bolsillos y tu abuelo te da un euro, ¿cuántos euros tendrás al final?" "Cero, maestra". "Jaimito, ¿no conoces las adiciones?" "Y usted no conoce a mi abuelo".

96. Jaimito a su mamá: "¡Mamá, mamá, le han robado la moto a papá!" "Jaimito, ¿has podido ver quién era?" "No mamá, pero he cogido el número de la matrícula".

97. La mamá le dice a Jaimito: "¡Eres realmente molesto! ¿Por qué le estás tirando la cola al perro?" "¡Pero mamá, solo la estoy agarrando, es él el que la tira!"

98. Carlitos le pregunta a Jaimito: "¿Asia está muy lejos?" "¡No, qué va!" "¿Estás seguro?" "Sí, un amigo mío es asiático, viene de China y todas las mañanas llega al colegio andando".

99. Papá, dime, ¿está muy lejos África?" "¡No malgastes energía y nada!"

100. Jaimito está con su mamá en el autobús. De repente, una señora se vuelve hacia la madre y le dice: "Señora, su hijo me está imitando, ¡Haga que pare!" "¡Jaimito, deja de comportarte como un tonto!"

CAPITULO 4:
ACERTIJOS Y ADIVINANZAS

1. Siempre está en el lecho pero siempre se mueve, ¿qué es? **(El río)**

2. ¿Cuáles son las dos palabras que abren todas las puertas? **(Tire y empuje)**

3. Pasa por toda la casa y se detiene en las esquinas, ¿qué es? **(La escoba)**

4. ¿Qué tienen en común un televisor y una hormiga? **(Las antenas)**

5. ¿Sabes cuál es el baile favorito de los chimpancés? **(El orangután-go)**

6. ¿Qué mujeres saben qué ropa usarán mañana? **(Las monjas)**

7. Entras en una habitación oscura con una cerilla, dentro encuentras una lámpara de aceite, un periódico y carbón, ¿qué enciendes primero? **(La cerilla)**

8. ¿Qué pasa si tiras un pato al agua? **(Nada)**

9. ¿Qué animal anda con las patas en la cabeza? **(El piojo)**

10. Se puede levantar con extrema facilidad, pero es muy difícil de lanzar. ¿Qué es? **(Una pluma)**

11. ¿Qué hace un perro con un semáforo? **(Un cruce)**

12. ¿Qué nombre se lee de la misma manera tanto de derecha como de izquierda? **(Ana)**

13. Un hombre entra en un bar, pide un vaso de agua, el camarero le apunta con una pistola, el hombre le agradece y se va, ¿por qué? **(Porque el hombre tenía hipo)**

14. Tiene la cola como un perro, tiene orejas como un perro, tiene el resto del cuerpo como un perro, ¿qué es? **(Una perra)**

LOS 777 MEJORES CHISTES Y ADIVINANZAS PARA NIÑOS

15. Estás en él, pero no puedes entrar dentro. ¿Qué es? **(El espejo)**

16. El mamut lleva dos y el camello lleva una. ¿Qué es? **(La letra M)**

17. No puedes mirarlo, nunca sale de noche, ¿qué es? **(El Sol)**

18. Es tuyo, pero tus padres lo usan más que tú, ¿qué es? **(Tu nombre)**

19. Es un alimento de dos tipos diferentes, pero siempre están ricos, ¿qué es? **(Jamón crudo y cocido)**

20. No lo escuchas, pero aun así hace que te duelan los oídos. ¿Qué es? **(El silencio ensordecedor)**

21. En un autobús hay 15 personas, en la parada, 5 bajan y 8 suben, ¿cuántas personas hay? **(19 personas, incluido el conductor)**

22. Quien lo produce lo vende, se compra para otro pero los que lo usan no lo ven, ¿qué es? **(El ataúd)**

23. ¿Pesa más un kilo de hierro o un kilo de pétalos de rosa? **(Pesan lo mismo, un kilo)**

24. Un roble tiene 2 ramas, cada rama tiene 4 flores, cada flor tiene 6 frutos, ¿cuántos frutos tiene el roble? **(Ninguno, el roble no da frutos)**

25. Hay 2 gemelos, Mario y Carlitos, ¿uno nació en Navidad y el otro cuando nació? **(En Navidad, son gemelos)**

26. Todo el mundo puede abrirlo pero no cerrarlo, ¿qué es? **(El huevo)**

27. Un hombre tiene que ir al cementerio, en el camino se encuentra con un puente roto y no puede pasar, ¿cómo va al cementerio? **(Saltando del puente)**

28. Lo rompes si hablas, ¿qué es? **(El silencio)**

29. ¿Cómo se llama el primo vegano de Bruce Lee? **(Broco Lee)**

30. Se saluda solo si está levantada, ¿qué es? **(La bandera)**

31. Comienza y termina el ánfora. ¿Quién es? **(La letra A)**

32. Cuando lo compras es negro, si lo usas es rojo y una vez usado es blanco. ¿Qué es? **(Carbón)**

33. ¿Cuál es la película más querida por las hojas? **(Lo que el viento se llevó)**

34. ¿Por qué los caballos no son como las cebras? **(Porque no han estado en la cárcel)**

35. Lo sufrimos todos en nuestras vidas, pero las aves no. ¿Qué es? **(Dolor de muelas)**

36. Puedes encontrarme revuelto, frito e incluso hervido. ¿Quién soy? **(El huevo)**

37. Puedo ser redondo, tener cuatro agujeros y pasar en un lugar estrecho. ¿Quién soy? **(El botón)**

38. Hay 5 hermanos. Mario estudia matemáticas, Marco juega al fútbol, Francisco juega a las damas y Jorge se relaja en la cama. ¿Qué está haciendo Fernando? **(Juega a las damas con Francisco)**

39. Sé muchas cosas pero no hablo, tengo muchas hojas pero no soy árbol. ¿Quién soy? **(El libro)**

40. Tengo dientes pero no muerdo y cuando paso /dejo todo en orden. ¿Quién soy? **(El peine)**

41. Es fundamental para la vida, pero puede dejarte sin respiración, está a tu alrededor y dentro de ti. ¿Qué es? **(El agua)**

42. ¿En qué mar hay peces amistosos? **(En el Océano Pacífico)**

43. Puedo atravesar el cristal pero no lo rompo. ¿Quién soy? **(La luz)**

44. Paso de una celda a otra pero no estoy presa. ¿Quién soy? **(La abeja)**

45. La señorita Lucía tiene 4 hijos, 2 niños y 2 niñas. ¿Cuál es el nombre del esposo? **(Ella no tiene esposo, de lo contrario no sería señorita)**

46. ¿Sabes qué hace una vaca cuando sale el sol? **(Sombra)**

47. Estás participando en una carrera, en la última vuelta logras superar al segundo. ¿En qué lugar estás? **(En segundo lugar porque te pondrás en el lugar del segundo)**

48. Estás conduciendo un autobús con 15 pasajeros, en la primera parada se bajan 2 y se suben 7, en la segunda parada baja 1 y suben 8 y en la tercera parada bajan 3 y se sube 1. ¿Qué edad tiene el conductor? **(Tu edad, eres tú quien está conduciendo)**

49. ¿Por qué los chinos comen más arroz que los japoneses? **(Porque son muchos más)**

50. Está siempre con nosotros, siempre nos sigue, pero con la oscuridad desaparece. ¿Qué es? **(La Sombra)**

51. Se desnuda cuando hace frío. ¿Qué es? **(El Árbol)**

52. Si giras la cabeza entro. ¿Quién soy? **(El tornillo)**

53. La policía encuentra a un hombre ahorcado en una habitación, usó una cuerda que cuelga de una lámpara pero no hay sillas ni alzas. La única pista es el agua en el suelo.

¿Cómo se ahorcó el hombre? **(Usando un bloque de hielo)**

54. Tienes que atravesar una puerta para salvar tu vida, la puerta la vigila un guardia que te deja pasar solo si respondes a su pregunta exactamente. Llega el primer preso y el guardia dice: "10", el preso responde: "4" y pasa. Llega el segundo prisionero, el guardia dice: "8" y el prisionero: "4" y pasa. Llegas y el guardia te dice: "15", ¿qué respondes? **(6, Porque la palabra "quince" está formada por 6 letras)**

55. Dos coches tienen que llegar a la meta, uno tarda media hora y el otro 30 minutos. ¿Quién llega primero? **(Llegan a la misma hora porque 30 minutos es media hora)**

56. Está armado pero no dispara a nadie. ¿Qué es? **(El cemento)**

57. ¿Qué hace una abeja en la luna? **(Luna de miel)**

58. Puedo hacerte reír, hacerte llorar y emocionar, puedo hacerte reflexionar y puedes aprender de mí. ¿Quién soy? **(El pasado)**

59. Se puede hacer entre dos hombres, entre un hombre y una mujer, pero nunca entre dos mujeres. ¿Qué es? **(La confesión)**

60. Cuando las cierras, dividen. ¿Qué son? **(Las tijeras)**

61. ¿Qué le dijo el asesor de seguros a Adán y Eva? **(Ya veo que no están cubiertos)**

62. Si es delgada es rápida, si es gorda es lenta, se consume si la usas. ¿Qué es? **(La vela)**

63. ¿Cómo sacarías a un elefante de una piscina? **(Mojado)**

64. La das, pero siempre se queda contigo. ¿Qué es? **(La mano)**

65. ¿Cuál es el país que primero ríe y después explota? **(Japón)**

66. ¿Por qué los elefantes no navegan en internet? **(Porque les dan miedo los ratones)**

67. ¿Qué es eso que siempre viene en segundo lugar, en el alfabeto encuentras una, el abuelo tiene una pero el padre no? **(Letra B)**

68. ¿Qué es lo que atraviesa la ciudad sin caminar sobre ella? **(La calle)**

69. ¿Qué le dice un jardinero a otro jardinero? **(Disfrutemos mientras PODAMOS)**

70. Ella es adulta pero va a la escuela todos los días. ¿Quién es? **(La maestra)**

71. Responde a cualquiera, sea cual sea el idioma que hable. ¿Quién es? **(El eco)**

72. ¿Sabes qué animal pega un salto más alto que una casa? **(Todos, porque las casas no saltan)**

73. Un caballo se eleva por encima de otro, y unos momentos más tarde la escena se repite. ¿Qué estás mirando? **(Una partida de ajedrez)**

74. Está lleno de sal pero no es salado. ¿Qué es? **(El salero)**

75. Está siempre adelante de nosotros, pero no podemos verlo. ¿Qué es? **(El futuro)**

76. Por la mañana pierdo la cabeza, pero por la noche la recupero. ¿Quién soy? **(La almohada)**

77. Si me rasgas la piel no lloro, el único que llora eres tú. ¿Quién soy? **(La cebolla)**

78. Lucas tiene 5 hijos, cada hijo tiene una hermana, ¿cuántos hijos tiene Lucas? **(6 hijos, 5 hermanos y una hermana en común)**

79. Cuanto más viejo eres, más iluminado se vuelve. ¿Qué es? **(El pastel de cumpleaños)**

80. Están rectos si te tumbas y se tumban si estás de pie. ¿Qué son? **(Los pies)**

81. Entra duro en la boca pero sale blando. ¿Qué es? **(El chicle)**

82. La primera vez que te lo pones duele mucho, pero después de eso entra y sale con facilidad. ¿Qué es? **(Un pendiente)**

83. Puedes encontrarlos en la escuela, pero también en el desierto. ¿Qué son? **(Los bancos)**

84. En una noche lluviosa, el dueño de una gran casa en el campo es asesinado. ¿Quién ha sido entre la esposa que dormía, la criada que preparaba el té, el hijo que jugaba con el ordenador y el jardinero que regaba las flores? **(¡El jardinero, ¿quién riega las flores mientras llueve?)**

85. Entra duro y sale blando. ¿Qué es? **(La Pasta)**

86. Convierte el olor en dolor. ¿Qué es? **(La letra D)**

87. En Turquía ocupa el primer lugar, pero en Italia ocupa el segundo lugar. ¿Qué es? **(La letra T)**

88. Un hombre odia la torre de Pisa, pero todos los días pasa todo su tiempo dentro de la torre. ¿Por qué? **(Es el único lugar desde donde no se puede ver la torre)**

89. La pones sobre la mesa, la cortas pero no puedes comerla. ¿Qué es? **(Baraja de cartas)**

90. Puede estar llena, a mitad o en tajadas, puedes verla pero no tocarla. ¿Qué es? **(La Luna)**

91. Entras por un agujero y sales por dos. ¿Qué es? **(Un par de pantalones)**

92. Es tan grande como una pera, pero puede llenar toda la habitación. ¿Qué es? **(La bombilla)**

93. Estoy en todo pese a estar en nada. ¿Qué soy? **(La letra D)**

94. Hay 2 habitaciones, en una estás tú con 3 interruptores, en la otra habitación, que no se puede ver, hay 3 bombillas. Solo puedes ir a la otra habitación una vez. ¿Cómo haces para saber a qué interruptor corresponde cada bombilla? **(Enciende un interruptor, después de un rato enciendes otro y el tercero lo dejas apagado. Luego apagas las tres y vas a la otra habitación, tocas las tres bombillas, la bombilla más caliente es la que corresponde al interruptor que encendiste primero, la menos caliente corresponde al interruptor que encendiste por segundo y la fría corresponde al interruptor que no encendiste)**

95. El negro es azul. ¿Qué es? **(El Mar Negro)**

96. ¿Dónde está morir antes de vivir? **(En el diccionario)**

97. Es tan ligero como el viento, pero nadie puede retenerlo, unos segundos o máximo unos minutos, en algún momento tienes que dejarlo o te puede doler la cabeza. ¿Qué es? **(El aliento)**

98. Nací con sombrero. ¿Quién soy? **(El hongo)**

99. Convierte la pasta en una plasta. ¿Qué es? **(la letra L)**

100. ¿Qué hacen las vacas que tienen mucha sed? **(Leche en polvo)**

101. Hay cuatro de ellas, y cada una lleva sus propios colores. ¿Qué son? **(Las estaciones)**

102. Pequeño soy y de madera, tengo un arco pero no flecha. Si me pones entre tu hombro y tu barbilla mi música es una maravilla. ¿Quién soy? **(El violín)**

103. Si estás en ella parece quieta pero si te alejas mucho gira. ¿Qué es? **(La tierra)**

104. La tienen algunos animales, algunos pianos e incluso algunas estrellas. ¿Qué es? **(La cola)**

105. Siempre está resguardada y siempre está mojada. ¿Qué es? **(La lengua)**

106. Su trabajo nace del cielo. ¿Qué es? **(El paraguas)**

107. Soy un animal, tengo garras en los pies pero no soy un tigre, tengo alas pequeñas pero no soy un gorrión, tengo escamas pero no soy una serpiente. ¿Quién soy? **(Una libélula)**

108. No sé estar solo, si estoy solo sirvo para poco pero si me pierdes empiezas a desesperarte. ¿Quién soy? **(Una pieza de un puzzle)**

109. No puedes cogerla, no la puedes ver ni retenerla, pero puedes escucharla. ¿Qué es? **(La voz)**

110. Cuanto más la usas, más delgada se vuelve. ¿Qué es? **(La pastilla de jabón)**

111. ¿Qué estrella que no tiene luz? **(La estrella de mar)**

112. Las queremos todo el año pero cuando llegan nos vamos. ¿Qué son? **(Las vacaciones)**

113. Soy pequeño y estoy en un rincón, doy la vuelta al mundo y no me canso. ¿Qué soy? **(El sello)**

114. Cuanto más te seca, más se empapa. ¿Qué es? **(La toalla)**

115. Si llueve, se moja incluso si juega en casa. ¿Qué es? **(El equipo de fútbol)**

116. Puedes encontrarla en verano y primavera, incluso en invierno pero no la encontrarás en otoño. ¿Qué es? (Letra E)

117. Si la necesitas, la tiras y cuando no la necesitas, tienes que recuperarla. ¿Qué es? **(El ancla)**

118. Un pato y un niño nacieron al mismo tiempo. Al cabo de un año, ¿cuál era mayor de los dos? **(El pato porque tenía año y pico)**

119. Transforma el gato en un pato. ¿Qué es? **(La letra P)**

120. Está montada pero no se puede desmontar, puede ser dulce o ácida y a veces se cocina. ¿Qué es? **(La nata)**

121. Si lo tiras al suelo no se rompe, pero si lo pones en el agua sí. ¿Qué es? **(El papel)**

122. Es verde y peluda, está en el bosque esperándote, si la tocas te duele pero si la cocinas puedes comértela. ¿Qué es? **(La ortiga)**

123. Un hombre camina por las vías del tren, de repente ve que el tren viene por el horizonte y comienza a correr lo más rápido que puede hacia el tren, ¿por qué? **(Porque está en un puente, más allá de la mitad del mismo y por lo tanto debe correr hasta el final del mismo si quiere salvarse)**

124. En un gran roble acaba de posarse una bandada de 100 gorriones, llega un cazador, dispara y mata a uno, ¿cuántos gorriones quedan en el árbol? **(Ninguno, todos vuelan después del disparo)**

125. Encuentras dos en un momento, una en un minuto, pero ninguna en una hora. ¿Qué es? **(La letra M)**

126. ¿Qué tienes en medio de tus piernas? **(La rodilla)**

127. Hay en la arena y las piedras, pero no en el agua. ¿Qué es? **(La letra R)**

128. ¿Por qué la gallina cruzó la calle? **(Para llegar al otro lado)**

129. Tu equipo de fútbol está jugando un partido decisivo para ganar la liga, ¿cuántas personas hay en el campo? **(23, 11 de cada equipo más el árbitro)**

130. Siempre aumenta y no puede disminuir. ¿Qué es? **(Tu edad)**

131. Imagina que estás en un avión, los motores estallan y el fuselaje se rompe, el avión comienza a estrellarse, ¿cómo puedes salvarte? **(¡Muy fácil, dejando de imaginar!)**

132. Las ves por la noche pero durante el día se van en silencio, algunas son ricas y otras famosas. ¿Qué son? **(Las estrellas)**

133. Es duro como una piedra y un poco peludo, si lo bebes es muy dulce pero si se te cae en la cabeza puede ser un desastre. ¿Qué es? **(El coco)**

134. ¿Cuál es la ciudad con más habitantes del mundo? **(Estocolmo)**

135. Hay un mes del año en el que todos duermen menos. ¿Cuál s? **(Febrero, porque tiene menos días)**

136. Nunca podría entrar en la olla. ¿Qué es? **(Su tapadera)**

137. Vivaldi, Mozart, Beethoven y Goya. ¿Quién es el intruso? **(Goya, es el único pintor entre los músicos)**

138. ¿Qué hay al final del espacio y el tiempo? (La letra O)

139. ¿Cómo puedes lograr caminar sobre el agua? **(Congelándola)**

140. Oro parece, plata no es y el que no lo adivine tonto es. **(El plátano)**

141. Caigo del cielo para cubrir todo y a muchos niños entretengo. Ligera y a copos, un espectáculo para los ojos. ¿Qué es? **(La nieve)**

142. Se rasca las orejas con la nariz. ¿Quién es? **(El Elefante)**

143. Un hombre corta la barba y el cabello muchas veces al día, pero siempre los tiene largos. ¿Por qué? **(Porque es barbero)**

144. Esta es una palabra que se escribe con 4 letras, envuelta se escribe con 8 letras y nunca se escribe con 5 letras. **(No es una pregunta sino una afirmación ESTA = 4 letras, ENVUELTA = 8 letras, NUNCA = 5 letras)**

145. Es tu cumpleaños, todos tus amigos vienen a celebrarlo contigo, sobre la mesa hay un bote de crema de chocolate, una caja de galletas y un paquete de golosinas. ¿Qué abres primero? **(La puerta principal, por supuesto, ¡no querrás dejar a los invitados afuera!)**

146. No soy un bolígrafo pero escribo, y si me empujas fuerte chillo. ¿Qué soy? **(La tiza)**

147. ¿Se raya pero no con un lápiz, es duro, salado y se guarda en la nevera? ¿Qué es? **(El queso)**

148. Tiene 6 patas, es pequeña y es difícil ver una, si se posa sobre ti te trae mucha suerte. ¿Qué es? **(La mariquita)**

149. ¿Qué animal que tiene más dientes? **(El ratoncito Pérez)**

150. Hay en el cielo y en las nubes pero falta en el sol. ¿Qué es? **(La letra E)**

151. Son muy apreciadas por los niños, son ligeras como el aire pero no se pueden tocar o de lo contrario desaparecen. ¿Qué son? **(Las pompas de jabón)**

CAPÍTULO 5:
COLMOS

1- ¿Cuál es el colmo de un electricista? Que su mujer se llame Luz y sus hijos le sigan la corriente.

2- ¿Cuál es el colmo de los colmos? Que un mudo le diga a un sordo que un ciego lo está espiando.

3- ¿Cuál es el colmo de un músico? Perder el conocimiento y en lugar de volver en sí volver en do.

4- ¿Cuál es el colmo de un matemático? Tener cálculos en la vesícula.

5- ¿El colmo de una oca? Que le guste jugar al parchís.

6- ¿El colmo de un profesor? No tener clase.

7- ¿Cuál es el colmo un globo? Darse aires.

8- ¿El colmo de un libro? Tener el índice roto.

9- ¿Cuál es el colmo de un enano? Que la policía le diga: ¡ALTOOOOO!

10- ¿El colmo de un gato? Que su dueño sea un perro.

11- ¿Cuál es el colmo de un joyero? Tener una esposa brillante.

12- ¿El colmo de un payaso? Tomarse en serio.

13- ¿Cuál es el colmo de un caracol? Huir de casa.

14- ¿Cuál es el colmo de un jardinero? Que siempre lo dejen plantado.

15- ¿Cuál es el colmo de un vago? Levantarse dos horas antes, para estar más tiempo sin hacer nada.

16- ¿El colmo de un jinete? Perder los estribos.

17- ¿El colmo de una araña? Tener la vida dependiendo de un hilo.

18- ¿Cuál es el colmo de un profesor de matemáticas? Tener muchos problemas.

19- ¿Cuál es el colmo de un jorobado? Estudiar derecho.

20- ¿Cuál es el colmo de un cartero? Abrir las cartas que llegan a su buzón.

21- ¿El colmo de un ciego? Ir a ver una película muda.

22- ¿El colmo de un boxeador? Golpear al árbitro.

23- ¿Cuál es el colmo de un nadador? Que se ahogue en la alberca.

24- ¿Cuál es otro colmo de un electricista? Que se enamore de una mujer que va a dar a luz.

25- ¿Cuál es el colmo de un pastor? Quedarse dormido contando ovejas.

26- ¿Cuál es el colmo de una farmacia? Que tengan que venderla porque no queda más remedio.

27- ¿Cuál es el colmo de un dentista? Cocer la pasta poco *al dente*.

28- ¿El colmo de un policía? Que lo asalten las dudas

29- ¿Cuál es el colmo de un calvo? Tener ideas descabelladas.

30- ¿El colmo de un hombre muy gordo? Que su apellido sea Delgado.

31- ¿Cuál es el colmo de una persona desaparecida en el mar? Tener el ánimo por los suelos.

32- ¿El colmo de dos conductores? Entenderse sobre la marcha.

33- ¿Cuál es el colmo de una botella? Resfriarse por dormir destapada.

34- ¿Cuál es el colmo de los colmos? Vivir en Estocolmo

35- ¿Cuál es el colmo de un reloj? Tener un TIC.

36- ¿El colmo de un peluquero? Dejar que le tomen el pelo.

37- ¿Cuál es el colmo de un gallo? Que se le ponga la piel de gallina

38- ¿El colmo de una oveja? Tener un hambre de lobos.

39- ¿El colmo de un médico? Llamarse Salvador.

40- ¿El colmo de un cazador? Ser cazado.

41- ¿Cuál es el colmo de un barbero? Perder el tren por los pelos.

42- ¿El colmo de un médico? Que su hija se llame Dolores.

43- ¿Cuál es el colmo de un oculista? No pegar ojo en toda la noche.

44- ¿Cuál es el colmo de un carnicero? Tener un hijo chuleta.

45- ¿Cuál es el colmo de un chef? Que se le queme el agua.

46- ¿Cuál es el colmo de un OVNI? Que lo identifiquen.

47- ¿Cuál es el colmo de un juez? Estudiar derecho.

48- ¿Cuál es el colmo de un piloto? Que no tenga autocontrol.

49- ¿Cuál es el colmo de un constructor? Llamarse Armando Paredes.

50- ¿Cuál es el colmo de una gimnasta? Dar el salto de calidad.

51- ¿Cuál es el colmo de un juez? Que se le caiga la muela del juicio.

52- ¿El colmo de un jugador de ajedrez? Usar su caballo de batalla.

53- ¿Cuál es el colmo de un militar? Llamarse Armando Guerra.

54- ¿El colmo de un electricista? Conseguir trabajo por enchufe.

55- ¿Cuál es el colmo de Hulk? Que su esposa le diga "madura que estás muy verde".

56- ¿El colmo de un joven? Ser un tipo anticuado.

57- ¿Cuál es el colmo más pequeño? El colmillo.

58- ¿El colmo de una persona sorda? Enamorarse ciegamente.

59- ¿El colmo de un hombre rico? Tener un vocabulario pobre.

60- ¿Cuál es el colmo de un cámara? Ser un tipo objetivo.

61- ¿Cuál es el colmo de un comandante? Sentir frío a pesar de los grados.

62- ¿Cuál es el colmo de un meteorólogo? No tener tiempo.

63- ¿Cuál es el colmo de un hombre gordo? Actuar con ligereza.

64- ¿Cuál es el colmo de un mago? Que le quiten algo por arte de magia.

65- ¿El colmo de un albañil? Que su hijo esté más sordo que una tapia.

66- ¿El colmo de un leñador? Reconstruir el árbol genealógico.

67- ¿El colmo para un dermatólogo? Que se ande con rodeos en vez de ir al grano.

68- ¿El colmo de un secreto? Bueno, ¡quién sabe!

69- ¿Cuál es el colmo de un pescador? Hacer algo malo y que lo pesquen.

70- ¿Cuál es el colmo de un astrónomo? Enamorarse de una estrella... de cine.

71- ¿El colmo de un muerto? Que le cuenten un buen chiste y no poder morirse de la risa.

72- ¿Cuál es el colmo de un pintor? Que su hija se llame Blanca Rosa Rojo Blanco.

73- ¿Cuál es el colmo de un vampiro? Ninguno, porque los vampiros no tienen colmo, tienen colmillos.

74- ¿El colmo un gato negro? Tener miedo de cruzar la calle.

75- ¿Cuál es el colmo de un torero? Nacer bajo el signo de tauro.

76- ¿El colmo de un programador? No tener planes para el futuro.

77- ¿Cuál es el colmo de una botella de 2 litros? 2 litros.

78- ¿El colmo de un pirata? Tener una hija que valga un tesoro.

79- ¿El colmo del Capitán Garfio? Limpiarse el trasero con la mano equivocada.

80- ¿El colmo de un gato? Vivir en una ratonera.

81- ¿El colmo de un esquimal? Que su hija se llame Blanca y su mujer Nieves.

82- ¿Cuál es el colmo de un libro? Que en otoño se le caigan las hojas.

83- ¿Cuál es el colmo de un soldado? Que su hijo le de guerra.

84- ¿Cuál es el colmo de un astronauta? Estar cerca de las estrellas y no poder pedirles un autógrafo.

85- ¿Cuál es el colmo de Santa Claus? Bajar por la chimenea y que le entre claustrofobia.

86- ¿El colmo de un profesor de geografía? Tener un hijo golfo y otro cabo.

87- ¿El colmo de un sastre? Tener un hijo botones.

88- ¿El colmo de un futbolista? Tener tacos y no poder comérselos.

89- ¿Cuál es el colmo de un cultivador? Dejar plantada a una chica.

90- ¿Cuál es el colmo de una escoba? Ser alérgica al polvo.

91- ¿Cuál es el colmo de un cojo? Que un ciego le pregunte: ¿Cómo andas?

92- ¿El colmo de un arquitecto? Construir castillos en el aire.

93- ¿Cuál es el colmo de un ciego? Enamorarse a primera vista.

94- ¿Cuál es el colmo de un astronauta? Enfermarse de gravedad.

95- ¿Cuál es el colmo de un fotógrafo? No poder revelarle sus secretos a nadie.

96- ¿El colmo de un ignorante? Míralo en el 31 de junio del calendario.

97- ¿Cuál es el colmo de un pizzero? Ser atrapado con las manos en la masa.

98- ¿El colmo de un policía? Detener la calvicie.

99- ¿El colmo de un cocinero? Caerse al suelo y hacerse puré.

100- ¿Cuál es el colmo de un constructor? Llamarse Armando Puentes.

101- ¿Cuál es el colmo de la bella durmiente? No oír el despertador.

102- ¿El colmo de un cantante? Sacar una mala nota en la escuela.

103- ¿Cuál es el colmo de un pastelero? Que su madre se enfade y le dé una galleta.

104- ¿El colmo de un ingeniero? Que un dentista le arregle un puente.

105- ¿El colmo de un político? Ser de palabra.

106- ¿El colmo de otro político? Buscar una mujer que sea buen partido.

107- ¿Cuál es el colmo de un fotógrafo? Utilizar el ascensor para llegar al primer plano.

108- ¿El colmo de un perezoso? Colocar un supositorio en el suelo y dejarse caer sobre él.

109- ¿Cuál es el colmo de un caballo? Tener silla y no poder sentarse.

110- ¿Cuál es el colmo para un agricultor? Sembrar el pánico.

111- ¿Cuál es el colmo de un perro policía? Que su dueño sea un ladrón.

112- ¿Cuál es el colmo de una gallina? Tener muchas plumas y no poder escribir con ninguna de ellas.

113- ¿Cuál es el colmo de un espejo? No tener buenos reflejos.

114- ¿El colmo de un puerco espín? Que algo le dé mala espina.

115- ¿Cuál es el colmo de un mudo? Hacer uso de la facultad de no responder.

116- ¿Cuál es el colmo de un robot? Tener nervios de acero.

117- ¿Cuál es el colmo de un sapo? Que una bruja lo convierta en príncipe.

118- ¿Cuál es el colmo de una persona sorda? Que al morir le dediquen un minuto de silencio.

119- ¿El colmo un escritor? Pasar la noche en blanco.

120- ¿El colmo para otro escritor? Que le sirvan una sopa de letras.

121- ¿El colmo de un asesor fiscal? No tener a nadie con quien contar.

122- ¿Cuál es el colmo de un barco? Que tenga que frenar en seco.

123- ¿Cuál es el colmo del atún? Que le den la lata.

124- ¿Cuál es el colmo de un leñador? Dormir como un tronco y cuando habla irse por las ramas.

125- ¿Cuál es el colmo de un nadador? Ahogarse en un vaso de agua.

126- ¿El colmo de un comediante? Ser despedido por falta de seriedad.

127- ¿Cuál es el colmo de una señora de la limpieza? No saber jugar a la escoba.

128- ¿El colmo de la NASA? Tener problemas de espacio.

129- ¿Cuál es el colmo de una pareja estadounidense separada? Haber estado unidos.

130- ¿El colmo de un vegano? Ponerse una camiseta color carne.

131- ¿Cuál es el colmo de un gato? Tener un día de perros.

132- ¿Cuál es el colmo de un policía? Tener dos esposas

133- ¿El colmo de un genio? Odiar las lámparas.

134- ¿El colmo de un distribuidor de neumáticos? Sufrir de presión arterial baja.

135- ¿Cuál es el colmo de un gigante? Tener complejo de inferioridad.

136- ¿Cuál es el colmo de un ladrón? Tener un hijo policía.

137- ¿Cuál es el colmo de un pescado? Morirse de sed.

138- ¿El colmo de una funeraria? Que el negocio se muera.

139- ¿El colmo de un músico? Que su mujer se llame Tecla.

140- ¿El colmo de dos gotas de agua? Parecerse.

141- ¿El colmo de un vendedor de casas? Estar separado en casa.

142- ¿El colmo de un vendedor de coches? No confiar en sus propios medios.

143- ¿Cuál es el colmo de un atleta? Que corra solo y llegue segundo.

144- ¿Cuál es el colmo de un político? Llamarse Armando Escándalos

145- ¿Cuál es el colmo de una enfermera? Llamarse Remedios.

146- ¿El colmo un bombero? Que se vaya de vacaciones y se queme con el sol.

147- ¿Cuál es el colmo de un ladrón? Robarle los anillos a Saturno.

148- ¿El colmo de un CD? Estar de gira.

149- ¿Cuál es el colmo de un ganso? Tener patas de pato.

150- ¿El colmo de un oculista? Tener que tomar una decisión y no verlo claro.

CONCLUSIÓN

Gracias por elegir este libro, espero que hayáis disfrutado de horas de diversión saludable con vuestra familia o amigos.

Reír es positivo, es eficaz y permite a los más pequeños crear un nuevo mundo, un mundo de amistad y empatía con los demás.

Mi misión, con este libro, es ofrecer una herramienta que pueda ayudar a los más pequeños a crecer con una visión diferente, más genuina y *'espontanea'*.

Dar una alternativa válida a la tecnología de la que es difícil escapar, atrapa a los más pequeños y no les deja interactuar como deberían.

Es fácil crear un vínculo con los niños, que son empáticos por naturaleza, pero cuando chocamos con las redes sociales y la dependencia de estas, necesitamos tener las herramientas adecuadas para darles la oportunidad de ser realmente ellos mismos.

Tenéis a vuestra disposición cientos de chistes, adivinanzas y colmos para hacer reír o razonar, ser original y aprender.

Printed in Great Britain
by Amazon

22752850R00066